PIERRES ET TERRAINS

8°
3605

Paris. — Soc. d'imp. PAUL DUPONT, 41, rue J.-J.-Rousseau.

ÉLÉMENTS D'HISTOIRE NATURELLE

PIERRES ET TERRAINS

PAR

M. Gaston BONNIER

Agrégé des Sciences physiques. — Docteur ès Sciences naturelles.
Maître de Conférences à l'École Normale Supérieure.

*Ouvrage rédigé conformément aux nouveaux programmes
à l'usage de la classe de septième*

AVEC 91 FIGURES DANS LE TEXTE

SIXIÈME ÉDITION REVUE ET CORRIGÉE.

PARIS

SOCIÉTÉ D'IMPRIMERIE ET LIBRAIRIE ADMINISTRATIVES ET DES CHEMINS DE FER
Paul DUPONT
41, RUE JEAN-JACQUES-ROUSSEAU (HOTEL DES FERMES)
1884

PRÉFACE

La géologie élémentaire, que l'on doit enseigner dans la classe de septième d'après les nouveaux programmes, semble, au premier abord, la partie du cours d'histoire naturelle la plus aride et la plus difficile à faire comprendre aux enfants.

Les élèves n'ont encore aucune notion de chimie, et l'on doit leur parler des diverses sortes de pierres et de minéraux. D'autre part, l'étude des terrains n'offre pas l'attrait que présente celle des animaux et des végétaux. Ici la vie est absente; on ne voit pas facilement se former et se développer les diverses roches. Les phénomènes les plus intéressants de l'histoire de la terre sont les plus difficiles à faire saisir.

Pour cet enseignement, plus que pour tout autre, il est donc nécessaire de chercher dans la variété des objets dont on parle et dans leurs différentes applications, ce qui peut intéresser le plus les enfants.

Il n'existe pas d'ouvrage élémentaire qui donne avec détail de semblables indications sur les sujets du nouveau programme relatifs aux pierres et aux terrains. Ce petit livre a pour but de fournir ces renseignements. Les élèves pourront le lire facilement, car on a cherché à écarter le plus possible tous les termes techniques. Lorsqu'une expression spéciale est inévitable, elle est donnée seulement après qu'on a fait comprendre à l'enfant sa nécessité. D'abord l'objet, ses propriétés, les différences qu'il présente avec les autres objets dont on a parlé; ensuite le nom et la définition.

La méthode d'enseignement qu'on a essayé de suivre ici est donc la méthode inductive et non la méthode déductive. C'est l'élève lui-même qui, par les exemples qu'on lui présente, comprend l'utilité de leurs groupements.

Telle est la méthode qu'on veut introduire dans l'application des nouveaux programmes : elle est sans doute plus difficile pour le professeur que la méthode de déduction logique; elle est autrement fructueuse pour les élèves.

Ayant été chargé de faire des conférences sur le nouvel enseignement aux professeurs de la division élémentaire des lycées, j'ai essayé de montrer, par quelques exemples, comment on pouvait appliquer cette manière d'enseigner. On trouvera dans ces conférences plusieurs sujets qui se rapportent à la classe de septième, entièrement traités par questions, soit à l'aide d'objets, soit à l'aide de dessins faits au tableau par le professeur (1).

C'est de cette façon que doivent être enseignés tous les chapitres de ce petit ouvrage.

---

1) *Le Nouvel enseignement des sciences naturelles et expérimentales* dans la division élémentaire des lycées, conférences faites aux professeurs par M. Gaston Bonnier (cinq volumes in-18) (Librairi Dupont)

Aussi ai-je cherché à rendre impossible au maître de faire apprendre par cœur à ses élèves le texte des différents paragraphes. Il ne faut pas, pour ce genre d'études, que le professeur dise: « Vous apprendrez depuis tel numéro jusqu'à tel autre. » Il ne faut pas que les élèves récitent des mots, il faut qu'ils racontent des faits.

J'ai renoncé aussi à mettre des *questionnaires* à la fin de chaque chapitre. Ces questions toutes faites ont l'inconvénient de limiter l'initiative des professeurs; et, surtout lorsqu'il s'agit des pierres et des terrains, le développement des différentes parties doit varier un peu avec la contrée où l'on se trouve. J'ai remplacé ces questionnaires par des *résumés*, qui, eux non plus, ne sont pas faits pour être appris mot à mot: ils contiennent seulement, en quelques phrases et sous une autre forme, les points essentiels qui ont été traités dans le chapitre.

On ne doit pas apprendre par cœur; on ne doit pas préparer des réponses à des questions toutes faites d'avance : les questions du professeur doivent être imprévues, variables, susceptibles même de s'engager dans quelques digressions sagement limitées.

Les figures qui accompagnent le texte ont toutes été dessinées spécialement pour cet ouvrage; jamais le texte n'est fait pour les gravures; ce sont les gravures qui sont faites pour le texte. Toutes celles qui représentent les pierres qu'on doit montrer aux élèves ont été dessinées directement d'après nature; il en est de même pour un grand nombre des autres.

Ces gravures sont de trois sortes, et ont été exécutées par trois procédés différents. Les unes sont d'un dessin très simple, telles que le professeur ou l'élève pourra les reproduire au tableau : ce sont des figures d'enseignement. Les autres figurent les objets qu'on mettra entre les mains des élèves. Enfin, un certain nombre de gravures représentent des sujets qui donnent à l'élève une idée des terrains qu'on ne peut mettre sous ses yeux, au moment où l'on enseigne.

Au reste, ces deux dernières sortes de figures ne doivent pas supprimer l'enseignement avec les objets en nature, afin que les élèves examinent eux-mêmes les pierres ; elles ne doivent pas non plus dispenser le professeur de faire faire des excursions aux enfants, lorsque cela sera possible, afin qu'ils voient les terrains sur place.

Quelques renseignements sur ces deux points :

Voici la liste des *objets en nature*, indispensables, qu'on devra se procurer pour cet enseignement.

Craie. — Calcaire grossier à cérithes. — Calcaire oolithique. — Marbre gris (Sainte-Anne). — Marbre noir (lumachelle). — Pierre lithographique. — Pierre à plâtre. — Cristaux en fer de lance (gypse). — Terre à briques. — Briques. — Terre à poteries. — Poteries. — Faïence. — Terre à porcelaine (brute et pulvérisée). — Silex. — Cristal de roche. — Agate (un côté taillé). — Grès siliceux. — Grès calcaire. — Grès vosgien. — Granit. — Feldspath. — Mica. — Porphyre. — Schiste ardoisier. — Sable. — Cailloux roulés. — Terre légère. — Terre forte. — Cailloux polis et striés par les glaciers. — Quelques fossiles (animaux et végétaux). —

Lave poreuse. — Lave compacte à cristaux visibles. — Houille. — Graphite. — Tourbe. — Sel gemme. — Minerais de cuivre (pyrite), de fer (limonite) et de plomb (galène) (1).

Ces échantillons doivent porter des étiquettes très visibles et sur lesquelles on écrira toujours le nom le plus connu ou le plus vulgaire. On mettra marbre noir et non lumachelle, pierre à plâtre et non gypse, etc. (2).

Comme ces pierres sont toutes de peu de valeur, on pourra sans crainte les mettre entre les mains des élèves. Si elles sont usées et abîmées au bout d'un certain temps, on les remplacera à peu de frais.

On aura ainsi une vraie *collection d'enseignement* d'où les raretés seront exclues, où les échantillons pourront être observés, maniés, retournés de tout côté par les élèves. Les enfants devront eux-mêmes rayer la pierre à plâtre avec l'ongle, le calcaire grossier avec une épingle, le feldspath avec le cristal de roche.

C'est seulement dans ces conditions que l'étude des matières comprises dans le programme pourra porter des fruits. Sur de semblables sujets, on ne retient bien que ce qu'on a vu. L'enseignement des sciences naturelles ne peut pas se faire avec un crayon et une ardoise.

---

(1) Tous les lycées et collèges ont maintenant reçu les objets pour la classe de septième.

(2) Pour qu'on puisse les faire passer facilement aux élèves, ils devront n'être pas fixés dans la boîte de carton qui les contient. Un numéro inscrit sur la boîte et le même numéro écrit sur l'échantillon lui-même permettront de les remettre sans erreur à leur place.

Mais les échantillons eux-mêmes sont insuffisants pour l'étude des terrains. On ne peut pas comprendre les dispositions des couches du sol avec des morceaux de pierres.

Aussi est-il à souhaiter que le professeur puisse de temps en temps conduire ses élèves en excursion. Les roches qui constituent le sol, la formation de la terre végétale, l'action destructive des torrents, par exemple, pourront être étudiées partout sur place; mais au sujet de ces excursions, on comprend qu'il soit impossible de donner des indications générales. Elles varient beaucoup avec les pays. A Paris, une excursion à Meudon; à Lyon, une course à Couson et au mont Toux; au Havre ou à Marseille, une promenade sur les côtes; à Grenoble, une visite aux divers groupes de montagnes qui entourent la ville; à Clermont, l'examen des cratères éteints, etc.; chaque pays fournira des buts d'excursion intéressants, mais très differents suivant les régions.

L'étude des pierres et des terrains doit être faite, en septième, par le même professeur que celle des notions des sciences expérimentales. Dans plusieurs circonstances ces deux études doivent s'entr'aider. On trouvera un certain nombre de notes (page VIII) qui indiquent aux professeurs de quels sujets du Programme des sciences expérimentales se rapprochent ceux qui sont traités dans cet ouvrage.

Un dernier mot. On sait que la géologie est une science encore très jeune; les hypothèses y sont nombreuses. Dans un enseignement aussi élémentaire, il vaut mieux les supprimer que les développer. Il est prudent de ne pas décrire avec précision, par exemple, l'augmentation régulière de la chaleur lorsqu'on s'enfonce dans un sol; l'origine interne des volcans; les causes de la formation des chaînes de montagnes, etc. Dans ce petit livre, on a cherché à éliminer toutes les hypothèses.

Lorsque les professeurs trouveront dans les pages qui suivent des erreurs ou des explications peu claires, je leur serai très reconnaissant de vouloir bien me les signaler.

Paris, 11 octobre 1880.

GASTON BONNIER.

L'accueil fait aux premières éditions de ce petit ouvrage nous a fait considérer comme un devoir d'en faire une révision détaillée avant la réimpression totale. Quelques figures, en outre, ont été améliorées ou changées et plusieurs corrections nouvelles ont été ajoutées à cette sixième édition.

Octobre 1883.

Sujets compris dans le Programme des sciences expérimentales (classe de septième), qui seront utilement rapprochés de l'étude des pierres et des terrains.

§§ *1 et suivants*. — Le professeur, avant de commencer l'étude des pierres, ou au moins avant de traiter de la chaux et du mortier (§§ 24-27), devra donner d'abord des indications sur les propriétés et la composition de l'*air ;* il aura ainsi fait connaître, par exemple, ce que c'est que l'acide carbonique ; par suite, les élèves comprendront mieux la transformation du calcaire en chaux et celle de la chaux en calcaire.

§§ *83-84-85*. — Si le professeur a traité de la *balance* avant de parler de la terre végétale, il pourra expliquer comment on en analyse, par pesées, les différentes parties.

§§ *100 et suivants*. — Le chapitre : *Eau* du Programme des sciences expérimentales sera avantageusement exposé en même temps que le chapitre : *Eau* compris dans le Programme des pierres et terrains.

§ *107*. — Le professeur devra joindre à l'étude des puits artésiens, celle des *vases communiquants*.

§§ *156-166*. — Il sera utile de rapprocher l'étude des combustibles et des métaux, des indications données sur l'exploitation de la houille et des minerais.

N. B. Si le professeur trouve quelque difficulté à ces rapprochements, il faut alors qu'il traite complètement le Programme des sciences expérimentales avant celui des pierres et terrains.

PIERRES

CHAPITRE PREMIER.

OÙ L'ON TROUVE LES PIERRES.

1. Tranchée d'une route (1). — Les pierres qu'on rencontre sur les chemins ou dans les champs, sont le plus souvent cassées en morceaux par la main des hommes. Pour trouver les pierres à leur état naturel, ce n'est ni sur les chemins ni dans les champs qu'il faut aller.

Cependant, si nous suivons une route qui monte sur une pente, on l'aura creusée dans le sol, au moins d'un côté pour l'aplanir (fig. 1). Regardons la *tranchée* de la route, c'est-à-dire la partie du sol qu'on a coupée avec des pioches pour la creuser. Nous y verrons le plus souvent des pierres. Ce sera quelquefois une grande masse formée par une seule roche ; d'autres fois, au contraire, ce seront des pierres en tout petits grains, du sable, par exemple. Toutes ces pierres

---

(1) Il serait bon que, dès le début, l'on prît un exemple tout à fait particulier, dans les environs immédiats de la localité : une carrière, le bord d'un torrent ou d'une rivière, une falaise, un escarpement de montagne, la tranchée d'un chemin.

que nous voyons ainsi, parce qu'on a creusé le chemin au milieu d'elles, sont à une certaine profondeur dans le sol.

Fig. 1. Roches mises à découvert par la tranchée d'une route.

Les hommes n'ont pas mis cette roche ou ce sable à cette profondeur. Cette roche, ce sable, se trouvent naturellement là.

Ainsi donc : le sol est formé par des pierres.

2. Terre végétale, pierres à la surface du sol. — Presque partout, ce qu'on trouve d'abord, à la surface du sol, c'est de la *terre*. Prenons un peu de cette terre et regardons-la avec attention: nous voyons qu'elle ne se compose pas seulement de petites pierres comme le sable; il y a autre chose que des petits fragments de roche: ce sont des débris de feuilles, de tiges, de racines, laissés par les végétaux qui sont morts. On appelle *terre végétale* le mélange de ces débris avec les petits fragments de pierre.

On peut aussi, quelquefois, trouver des pierres à la surface du sol, sans que la terre végétale les recouvre. Sur les pentes rapides, dans les montagnes à pic, au bord des collines abruptes, ou sur les flancs des falaises, les débris des plantes ne peuvent se maintenir ; ils tombent plus bas. Il ne peut donc pas se former de terre végétale ; en ces endroits, la roche est dénudée ; elle se trouve alors à la surface du sol sans être recouverte de terre. Elle forme ce qu'on nomme des *rochers*.

Fig. 2. Rochers à la surface du sol.

D'autres fois les rochers sont formés par de grands blocs de pierre isolés qu'on rencontre sur les coteaux ou au milieu des bois (comme à Fontainebleau, par exemple) (fig. 2). Ils sont souvent recouverts de mousses et de plantes ; mais presque toujours la roche est découverte au moins sur les côtés : on la reconnaît facilement.

3. Pierres sur les bords d'un torrent ou d'une rivière. — Allons maintenant près d'un torrent, regar-

dons-en le bord, lorsque le courant de l'eau est très-fort;
nous verrons que le sable et la terre qui s'y trouvent sont
enlevés par l'eau. Aussi les rives des torrents sont-elles
dénudées ; là encore on voit les pierres, là encore on peut
trouver des rochers (fig. 3).

Fig. 3. Roches à découvert, sur les bords d'un torrent.

Sur le bord d'une rivière qui coule dans une plaine, dont
le courant est peu rapide, nous ne trouverons le plus souvent que des cailloux ; en certains cas, cependant, les rives
laisseront voir des rochers mis à nu par le frottement de
l'eau, surtout aux tournants, là où le courant les dégrade
plus fortement.

4. Carrières. — La plupart des pierres sont utilisées :
les pierres de taille servent à construire les maisons, les
cailloux durs à empierrer les routes, etc. Quand on ne trouve
pas naturellement à la surface du sol les roches dont on

veut se servir, on creuse la terre pour aller les chercher au-dessous.

Nous avons vu que la tranchée d'un chemin mettait à découvert les roches qui sont au-dessous de la terre. Pour exploiter les pierres dont on veut faire usage, on fait aussi de grandes tranchées dans le sol (fig. 4). Ces endroits, où l'on coupe, où l'on creuse le sol pour en retirer des pierres, s'appellent des *carrières*.

Fig. 4. Carrière.

C'est dans les carrières qu'il faut aller, pour voir comment les roches sont disposées et pour en prendre des morceaux, afin de les étudier.

5. Résumé. — Le sol est formé par des pierres.

Lorsqu'une même sorte de pierre est en grande masse, on l'appelle une *roche*.

A la surface du sol, les petits fragments de roches plus ou moins altérés sont mélangés aux débris des végétaux et forment la *terre végétale*.

On trouve des roches à la surface du sol, quand la terre végétale manque, sur les pentes abruptes, sur les bords des torrents ou des rivières.

On peut apercevoir les roches qui sont sous le sol, dans la tranchée d'un chemin ou dans les carrières.

CHAPITRE II.

DIVERSES SORTES DE PIERRES. — COMMENT ON PEUT LES RECONNAITRE.

6. Diverses sortes de pierres: Craie et silex. —
Supposons que nous allions dans une carrière où l'on exploite des roches pour fabriquer du blanc d'Espagne (fig. 5).

Fig. 5. Carrière dans la craie à silex.

Nous y trouverons les deux sortes de pierres dont les morceaux sont ici représentés (1).

---

(1) On devra examiner des échantillons. Aucune figure ne peut donner tous les caractères des roches.

Examinons-les et voyons en quoi elles diffèrent.

Prenons d'abord un morceau de la première ; c'est une roche blanche (fig. 6) qui forme presque toute la masse de la carrière.

Fig. 6. Morceau de craie.

Elle se casse facilement et si nous la frottons contre une table de bois, elle marque en blanc. C'est dans cette roche qu'on fait les bâtons avec lesquels on écrit sur une ardoise. On l'appelle *craie*.

Prenons l'autre pierre maintenant (fig. 7). Sa cassure est grise ou presque noire, on ne peut pas la briser entre les mains comme la craie ; si on la frappe en la frottant violemment contre un morceau d'acier, on voit jaillir des étincelles ; quand elle vient d'être frappée, elle a une odeur particulière qui peut servir à la reconnaître. On la nomme *pierre à fusil*. On l'appelle ainsi, parce c'est avec cette pierre qu'on mettait le feu autrefois à la poudre des fusils On s'en sert encore maintenant pour enflammer l'amadou

des briquets. On place le morceau d'amadou près de la
pierre à fusil, on frappe dessus avec un morceau de fer et
les étincelles mettent le feu à l'amadou. **On appelle aussi**
cette pierre : *silex*.

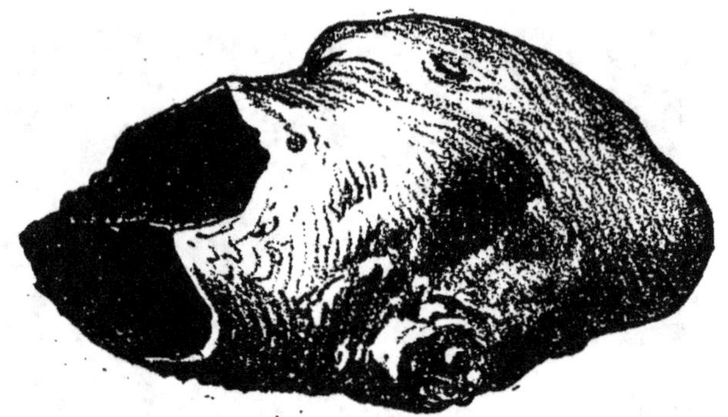

Fig. 7. Morceau de pierre à fusil ou silex, montrant à gauche la forme de
sa cassure.

Ainsi, dans cette même carrière, nous trouvons deux
sortes de pierres, la *craie* et le *silex*.

Prenons ces deux morceaux de pierre, et voyons quels
sont tous les caractères qui nous permettront de les distinguer l'un de l'autre.

7. Dureté plus ou moins grande. — Si on essaye de
rayer ces deux pierres avec l'ongle, on ne peut pas rayer le
silex ; on peut rayer la craie.

Essayons maintenant avec un canif. La craie se raye
très facilement au canif, tandis qu'on ne peut pas entamer
le silex.

Ainsi, voilà déjà une première différence : le silex est
beaucoup plus dur que la craie. Au lieu d'être friable
comme elle et de laisser une trace lorsqu'on l'appuie sur
la table, le silex est dur et coupant ; il raye le bois au
lieu de le marquer comme la craie.

1.

8. Forme de la cassure. — Cassons la craie avec les mains ; elle se brise comme un morceau de sucre qu'on sépare en deux. Regardons la cassure : elle est irrégulière et mate, sans reflet.

Le silex ne peut pas se briser à la main ; cassons-le avec un marteau. Regardons maintenant la cassure : nous voyons d'abord qu'elle est luisante. Si nous examinons sa forme, nous remarquerons qu'elle présente de petites cuvettes arrondies. L'un des côtés de la cassure est creux, l'autre côté, au contraire, est en forme de bosse. Ces creux sont séparés par des lignes coupantes (fig. 7). Si nous regardons l'un des morceaux détachés par le choc, nous verrons qu'il est transparent sur les bords.

C'est là une seconde différence : la cassure de la craie est mate, irrégulière, sans forme déterminée ; la cassure du silex est luisante, en forme de creux arrondis et présente souvent des arêtes coupantes.

9. Action des acides sur les pierres. Effervescence. — Nous pourrons trouver encore une autre manière de distinguer ces deux morceaux de pierres, en nous servant d'un liquide acide, tel que le vinaigre (1).

Mettons dans un verre de vinaigre ce morceau de craie : nous verrons immédiatement un grand nombre de bulles qui se forment très vivement (fig. 8). Elles sont produites par un gaz qui se dégage de la craie. Ces bulles sont les mêmes que celles qu'on voit se former dans l'eau de Seltz qu'on vient de verser.

Lorsque de semblables bulles se produisent au moment où l'on vient de mettre quelques gouttes d'acide sur la roche, on dit qu'il y a *effervescence*. Nous dirons donc : La craie *fait effervescence avec les acides.*

Versons maintenant de la même manière quelques gouttes de vinaigre sur la cassure du morceau de silex :

---

(1) On aura une action plus vive en prenant du vinaigre très fort (*acide acétique*) ou mieux encore de l'acide chlorhydrique étendu d'eau.

il ne se produira aucune bulle. Nous dirons donc : *Le silex ne fait pas effervescence avec les acides.*

10. Résumé des différences trouvées entre la craie et le silex. — Après avoir examiné ces deux morceaux, en les comparant comme nous venons de le faire,

Fig. 8. Morceau de craie dans un verre de vinaigre. Il se forme de nombreuses bulles.

nous pouvons donner les caractères qui permettront de les reconnaître :

La *craie* a la cassure blanche, irrégulière ; elle se raye au canif et même à l'ongle ; elle marque en blanc ; elle fait effervescence avec les acides.

Le *silex* a une cassure à creux arrondis souvent séparés par des arêtes coupantes ; il ne peut pas se rayer au canif et, au contraire, il raye l'acier ; il ne marque pas sur le bois, mais le creuse ; il ne fait pas effervescence avec les acides ; frappé avec un morceau d'acier, il produit des étincelles.

11. Ressemblance entre les roches. — Craie et

pierre de taille. — Prenons maintenant ce morceau d'une des pierres de taille avec lesquelles on construit les façades des maisons à Paris (fig. 9). Ce n'est pas de la craie, car cette pierre ne se raye pas à l'ongle et ne pourrait servir à écrire en blanc sur l'ardoise. Cependant elle présente plusieurs ressemblances avec la craie. Comme la craie, on peut la rayer avec un canif.

Frappons sur ce morceau pour le casser et regardons la cassure : elle est irrégulière et blanchâtre, elle ressemble beaucoup plus à la cassure de la craie qu'à celle du *silex*.

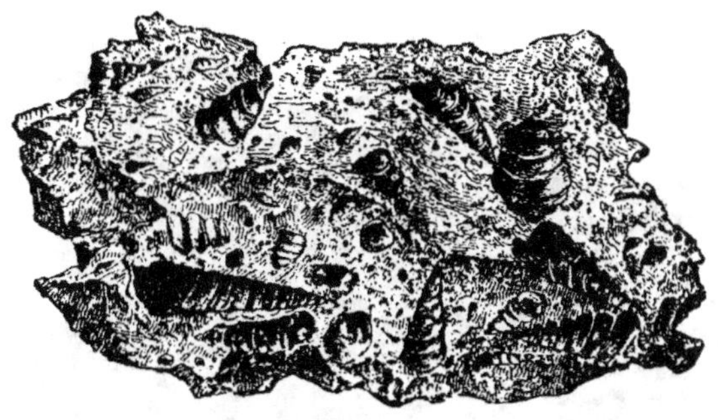

Fig. 9. Fragment d'une pierre de taille de Paris.

Versons quelques gouttes d'acide sur ce fragment de pierre de taille ; nous voyons une masse de bulles se former avec rapidité. La pierre de taille fait effervescence avec les acides, comme la craie.

12. Silex et meulière. — Voici encore un autre morceau de pierre : c'est celle avec laquelle on construit les fondations des maisons et les égouts à Paris (fig. 10). Comme on s'en est servi aussi quelquefois pour faire des meules, on l'appelle *meulière*.

Ce n'est pas du silex ; car cette pierre est percée de trous.

nombreux, irréguliers et de différentes grandeurs ; le silex n'en avait pas. Sa cassure ne présente pas les surfaces arrondies et les arêtes tranchantes qu'on voit sur un morceau de silex cassé.

Cependant, cette pierre a plusieurs ressemblances avec le silex :

Comme le silex, elle ne peut pas être rayée par le canif.

Frappons sur ce morceau de meulière avec de l'acier : nous verrons jaillir des étincelles comme avec un morceau de pierre à fusil.

Enfin, versons de l'acide sur la meulière (1), il n'y aura pas d'effervescence.

Fig. 10. Morceau de meulière.

13. Groupes formés des roches qui se ressemblent. Pierres calcaires, pierres siliceuses. — Pour apprendre à reconnaître plus facilement les roches, nous pouvons en former différents groupes.

Nous réunirons dans un même groupe celles qui nous ont paru se ressembler. Ainsi, nous avons trouvé des ressemblances entre la craie et la pierre de taille. Ces deux pierres

---

(1) Il y a des meulières qui sont mélangées de calcaire : on aurait alors effervescence ; il faut prendre un échantillon de meulière pure, sans calcaire.

appartiennent à un même groupe, celui des *Pierres calcaires*. Le caractère principal des calcaires est de faire effervescence avec les acides.

Nous avons trouvé des ressemblances entre le silex et la meulière. Ces deux pierres appartiennent à un même groupe, celui des *Pierres siliceuses*. Ce sont des pierres très dures, qui peuvent donner des étincelles par le choc contre l'acier, qui ne font pas effervescence avec les acides.

On a formé de cette manière un certain nombre de groupes différents. Nous allons les examiner successivement.

14. Résumé. — Il existe un grand nombre de pierres diverses. Pour les reconnaître, il faut voir comment elles diffèrent les unes des autres; il faut savoir aussi quelles ressemblances elles présentent.

Les caractères principaux qui servent à reconnaître les pierres sont :

Leur dureté plus ou moins grande;

La forme de leur cassure;

L'action des liquides acides.

CHAPITRE III.

PIERRES CALCAIRES.

15. Caractères auxquels on reconnaît une pierre calcaire.—Une pierre, comme la craie ou la pierre de taille, dont nous avons parlé, se reconnaît par les moyens suivants:

1° *Effervescence*. — Toutes les pierres calcaires font une vive effervescence avec les acides; c'est là leur principal caractère.

Mettons quelques morceaux de calcaire dans un verre plein d'un liquide acide; nous verrons qu'ils finissent par disparaître complètement en faisant effervescence. Une fois que plusieurs morceaux ont été ainsi dissous, trempons dans le liquide le bout d'une baguette de verre; puis mettons-le dans la flamme d'une lampe à esprit de vin, nous verrons alors la flamme se colorer en rouge. Cette couleur rouge donnée à la flamme est encore un signe distinctif.

2° *Dureté*. — Toutes les pierres calcaires sont aisément rayées par un couteau et même par une épingle. C'est pour cela qu'on peut les scier ou les sculpter facilement, pour en faire des pierres à bâtir ou des statues.

3° *Cassure*. — En général, la cassure des pierres calcaires est irrégulière (1).

16. Diverses sortes de pierres calcaires. — Craie. — Parmi les pierres calcaires, nous savons déjà reconnaître la craie et le calcaire qui sert à faire les pierres de taille.

____

(1) Sauf celle des marbres et des calcaires compacts.

Parlons d'abord de la craie (fig. 11).

Elle se distingue des autres calcaires par sa très faible dureté. On peut la rayer même avec l'ongle. Elle est friable et peut servir à marquer. Sa cassure est mate, sans reflets brillants.

Fig. 11. Craie.

La craie est le plus souvent blanche, mais il y en a de grisâtres, de bleuâtres, de vertes. (Nous verrons, du reste, que la couleur n'est pas un caractère très important pour reconnaître les pierres.)

17. Usages de la craie. — On exploite la craie dans des carrières (fig. 12), comme à Meudon, par exemple. Cette roche est, en effet, utilisée par l'homme, qui s'en sert pour divers usages.

Nous verrons plus loin que la craie peut servir à faire de la *chaux :* or, la chaux entre dans la composition du mortier avec lequel on réunit les pierres pour bâtir les murs.

La craie sert aussi à faire le *blanc d'Espagne* qu'on emploie pour nettoyer l'argenterie et beaucoup d'autres objets de métal.

Pour faire le blanc d'Espagne, on réduit la craie en poudre, puis, après diverses opérations, on l'humecte, on la pétrit en forme de petits pains et on la fait sécher. On obtient, de cette façon, des pains de blanc d'Espagne, qui peuvent servir à rendre brillants les objets de métal les plus délicats, car la poudre en est très fine. On n'aurait pas pu utiliser directement la craie, parce qu'elle est mêlée de fragments de silex et nous savons que le silex est très dur : il rayerait le métal qu'on veut nettoyer. En outre, avant d'être pulvérisée, la craie est plus dure, à grains plus irréguliers.

Fig. 12. Carrière de craie, montrant l'exploitation à l'extérieur et l'entrée d'une galerie souterraine.

Enfin la craie sert à faire les crayons pour écrire au tableau. Pour tailler les bâtons de craie, on choisit les parties de la roche à la fois blanches et résistantes, qui ont le moins de petits morceaux de silex ou de corps étrangers. Cependant, il s'en trouve quelquefois des fragments dans les bâtons de craie. On sait alors quel cri désagréable on entend quand on veut écrire sur le tableau avec la craie. Souvent même, si le morceau de silex est assez gros, le bâton ne marque plus : il faut le casser pour pouvoir continuer à écrire.

Mélangée avec de l'argile, la craie sert à faire une excellente chaux hydraulique (voy. § 54).

On extrait la craie dans des carrières, soit en faisant simplement une tranchée dans le sol pour retirer la craie à coups de pioche, soit en perçant des galeries pour aller chercher la roche sous la terre, dans les parties où elle possède les meilleures qualités (fig. 12).

18. Pierres à bâtir. — La craie est très friable, très peu solide; nous avons vu qu'elle se casse facilement. En Champagne, et dans certaines parties de la Touraine, comme on n'a pas d'autres roches, on bâtit beaucoup de maisons avec les craies les plus dures; mais ce sont toujours des maisons très peu solides qui se détruisent beaucoup plus facilement que les autres. La craie ne peut donc pas servir comme bonne pierre de construction. Ce sont d'autres roches calcaires qu'on exploite comme *pierres à bâtir*.

Nous avons déjà examiné un morceau des pierres de taille avec lesquelles on a construit Paris (fig. 13). On appelle

Fig. 13. Calcaire grossier.

cette roche : *calcaire grossier ;* elle est, en effet, à grains beaucoup moins fins que la craie.

Elle diffère encore de la craie par sa dureté qui est plus grande : on peut rayer le calcaire grossier avec le canif, et même avec une épingle, mais on ne peut pas le rayer avec l'ongle, comme la craie.

On y observe très souvent des empreintes de petites coquilles enroulées en spirale et se terminant en pointe (voy. la fig. 13), appelées cérithes. C'est encore un des caractères du calcaire grossier. Sur les dalles des escaliers, sur les pierres des fenêtres, à Paris, on peut remarquer souvent de petites cavités terminées en pointe : ce sont des empreintes laissées par des coquilles de cérithes.

Voici un autre morceau de pierre (fig. 14) : c'est encore

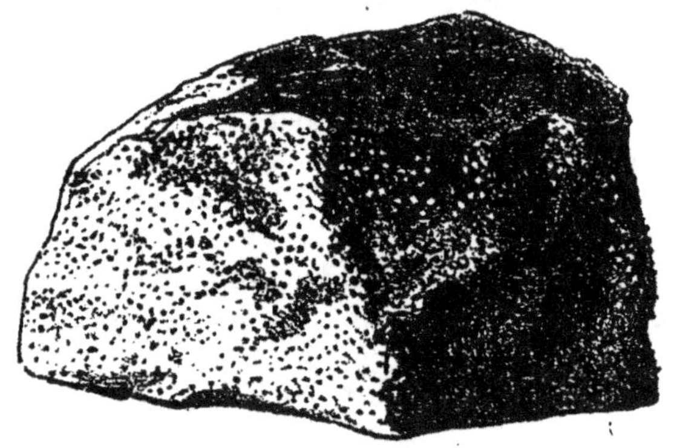

Fig. 14. Oolithe.

du calcaire, car il fait vivement effervescence avec le vinaigre, et il peut être rayé par un canif ; mais nous voyons tout de suite que ce n'est ni de la craie ni un morceau de calcaire grossier. Il est formé par une quantité innombrable de toutes petites boules, serrées les unes contre les autres et qui sont toutes de la même grosseur ; son aspect rappelle celui des œufs de poisson.

On l'appelle *oolithe.* Il peut aussi se scier et servir de

pierre à bâtir. C'est avec ce calcaire que sont construites les maisons de plusieurs villes de Bourgogne.

19. Usage des pierres à bâtir. — Ces pierres sont, comme leur nom l'indique, des pierres de construction. C'est avec les pierres calcaires qu'on bâtit la plupart des murailles, car elles sont très répandues dans un grand nombre de contrées.

On construit les maisons d'une ville avec la pierre à bâtir qu'on peut trouver dans le pays. Ainsi, à Paris, on trouve le calcaire grossier sous le sol, en grande quantité. On n'a pas eu besoin de transporter des pierres de construction pour bâtir la ville. On a commencé par exploiter les carrières de calcaire grossier sous le sol même de Paris. Les restes

Fig. 15. Carrière de calcaire grossier, à Issy, près de Paris.

de ces anciennes carrières existent encore : c'est ce qu'on appelle les Catacombes. Les Catacombes sont de grandes galeries qui sont creusées sous plusieurs quartiers de Paris, au-dessous des fondations des maisons : c'est de là qu'on a retiré les premières pierres à bâtir, pour élever les habitations de la ville.

Maintenant on va les prendre un peu plus loin, tout à l'entour de la capitale. On exploite le calcaire grossier soit dans des carrières à ciel ouvert (fig. 15), soit dans des galeries souterraines.

Quand la pierre à bâtir se trouve à une assez grande profondeur sous le sol, on fait souvent une sorte de puits pour retirer les pierres des galeries, au lieu de faire une carrière à ciel ouvert, ce qui perdrait beaucoup de terrain pour la culture. On attache alors, successivement, les grosses

Fig. 16. Roue pour l'extraction des pierres de taille, aux environs de Paris.

pierres de taille à une corde et on fait monter la corde à l'aide d'une grande roue. Ce sont ces roues qu'on voit près de Paris, dans les champs, à Châtillon, à Arcueil, par exemple (fig. 16).

Sur leur pourtour sont placés de petits échelons, en travers. Une fois que la pierre est attachée à la corde au fond du puits de la carrière, les ouvriers montent sur les échelons de la roue : leur poids fait alors tourner la roue ; la corde s'enroule sur la pièce de bois arrondie qui est au milieu de la roue, la pierre se soulève. Les ouvriers continuent à monter sur les échelons à mesure que la roue tourne et la pierre finit par apparaître au sommet du puits. On la déplace alors au bout de la corde et on la dépose sur le bord. De là, elle pourra être transportée à Paris.

Nous avons dit qu'on pouvait scier facilement les pierres calcaires ; c'est pourquoi ces pierres à bâtir servent à faire de très belles pierres de taille : on s'en sert surtout pour construire les façades des maisons. Les morceaux trop petits pour cet emploi sont utilisés aussi : ce sont les *moellons* ; ils sont employés, par exemple, à construire les murailles situées sur les côtés ou à l'intérieur de la maison ; on s'en sert en général pour tous les travaux grossiers.

Comme la pierre à bâtir se laisse entamer par les instruments d'acier, on peut la sculpter sans difficulté. C'est pourquoi les façades des maisons construites en pierres de taille sont presque toujours ornées de moulures ou de diverses sculptures.

On se sert de pierres à bâtir calcaires pour construire les maisons dans presque toute la France, excepté dans le Nord, dans la Bresse, en Bretagne et dans certaines parties de l'Auvergne et de la Normandie, où l'on ne trouve pas de pierre à bâtir dans le sol.

20. Marbres. — Essayons de polir un morceau de craie. Nous ne pourrons pas arriver à obtenir une surface unie et luisante : la craie est trop friable, elle s'émiette en poudre.

Essayons de polir un morceau de pierre à bâtir. Il nous sera également impossible d'obtenir une surface unie, parce que la pierre est trop grossière, percée de creux et à grains irréguliers.

Ainsi la craie n'est pas assez dure et la pierre à bâtir est trop grossière.

Mais il y a des calcaires qui sont à la fois à grains très fins, comme la craie, et aussi durs que la pierre à bâtir :

on les appelle des *marbres*. Les marbres qu'on place sur les commodes ou ceux dont on fait les cheminées sont des calcaires de cette sorte.

Voici un de ces fragments de marbre (fig. 17): vous

Fig. 17. Marbre gris et blanc.

voyez qu'il se raye facilement au canif, et que quelques gouttes d'acide y produisent une effervescence. C'est donc un calcaire.

Ainsi on donne le nom de marbre aux calcaires qui ont à la fois une dureté suffisamment grande et un grain assez fin pour pouvoir être polis.

Beaucoup de marbres présentent, comme le morceau qui est ici figuré, des veines ou des dessins blancs sur un fond coloré : ce sont ceux qui sont recherchés pour l'ornementation.

21. Usages des divers marbres. — Les marbres rayés de noir, de blanc ou de gris, sont très communément employés pour faire les cheminées ou pour mettre sur les meubles.

Une autre sorte de marbre est aussi fort utilisée dans les ameublements, ou pour faire les dessus de poêles et de calorifères, en France (1). Voici un morceau de celui qui est le plus employé (fig. 18) Vous voyez qu'il est à fond noir et parsemé d'une grande quantité de taches blanches. On le trouve surtout en Belgique, d'où on l'apporte par canaux dans les différentes parties de la France. En examinant ce morceau, nous pouvons remarquer que les taches blanches de ce marbre ont une forme déterminée. Ce sont, en effet, des fragments de coquilles ou de débris d'animaux répandus au milieu de la roche, qui ont été aussi bien polis que la masse noire du calcaire.

Fig. 18. Marbre noir de Belgique.

D'autres marbres plus beaux et p'us précieux peuvent avoir toutes sortes de couleurs et sont employés dans la décoration des monuments publics.

Les colonnes de l'arc de triomphe du Carrousel à Paris sont faites avec un marbre rayé de rouge, de gris et de blanc. On peut voir aussi à l'Opéra de Paris beaucoup de marbres différents. Un des plus beaux marbres bleuâtres a été employé pour faire la balustrade du chœur de l'église Saint-Sulpice.

---

(1) C'est le marbre lumachelle appelé *petit granit* ; il ne faut pas le confondre avec le granit, qui est une tout autre roche.

On voit, par ces quelques exemples, quel usage on peut faire des marbres colorés et veinés, susceptibles d'un beau poli.

22. Marbres statuaires. — Voici maintenant, un morceau d'une autre espèce de marbre (1). Voyons en quoi il diffère des précédents. D'abord le fragment que nous avons sous les yeux est complètement blanc : il ressemble à un morceau de sucre. En regardant de plus près, nous verrons qu'il se compose d'une masse de petits cristaux, placés les uns à côté des autres : c'est du calcaire cristallisé.

On l'appelle *marbre statuaire*. C'est, en effet, avec ce marbre qu'on fait les plus belles statues : il a un grain très uniforme, il se taille facilement et sa couleur est d'un beau blanc. Celui qui est le plus estimé par les sculpteurs vient de Carrare, en Italie, ou de Paros, en Grèce.

23. Pierres lithographiques. — On se sert d'un calcaire dur, compact, non cristallisé, d'un grain gris jaunâtre uniforme, pour faire les pierres lithographiques.

Fig. 19. Pierre lithographique sur laquelle on a fait un dessin au crayon gras.

La reproduction des dessins par la lithographie est fondée

---

(1) On examinera un morceau de marbre blanc (calcaire saccharoïde).

sur les propriétés des pierres calcaires. On dessine sur la pierre avec un crayon composé de suif et de noir de fumée (fig. 19); ensuite on attaque la pierre calcaire avec un liquide acide. Toute la pierre se creuse en faisant effervescence, excepté aux endroits où l'on a dessiné avec le crayon gras; par suite, le dessin ressort en relief sur un fond creux. On le recouvre alors avec de l'encre d'imprimerie ; puis, au moyen d'une presse (fig. 20), on appuie une feuille de papier sur la

Fig. 20. Presse lithographique.

pierre; on a ainsi le dessin lithographié, dont on peut tirer un très grand nombre d'exemplaires.

24. Usage général des pierres calcaires. — Les différentes pierres d'une construction sont fixées les unes aux autres au moyen d'une pâte molle qui durcit et qui se consolide en séchant. C'est ce qu'on appelle le mortier.

Pour faire du mortier, on emploie du sable et de la *chaux*. On obtient cette chaux (comme nous l'avons déjà dit, à propos de la craie) en se servant de pierres calcaires.

Avant de voir comment on fait le mortier, examinons d'abord comment se fabrique la chaux qui entre dans sa composition.

25. Fours à chaux. Chaux vive, chaux éteinte.
— La fabrication de la chaux est très simple. On chauffe les pierres calcaires dans des fours. Ces fours sont construits près des carrières où on les exploite, de manière à ne pas transporter les pierres au loin.

Un four à chaux (fig. 21) est ordinairement construit

Fig. 21 Four à chaux.
A droite, ouverture latérale pour retirer la chaux après la cuisson ;
F, ouverture du foyer.

avec des briques, à une hauteur de 2 à 4 mètres. Il y a une ouverture de côté (O), pour pouvoir retirer la chaux quand le calcaire est complètement transformé ; l'autre ouverture (F), située en bas, sert à amener l'air pour entretenir le feu.

Il faut d'abord remplir le four. Pour cela, on construit au-dessus du foyer où l'on brûlera du bois ou du charbon, une sorte de voûte avec les plus gros morceaux de pierres calcaires, puis on achève de remplir le four avec les autres pierres.

Une fois que le four est ainsi chargé, on y brûle des fagots ou des morceaux de charbon. Quand la cuisson est achevée, on éteint le feu, on démolit par-dessous la voûte de grosses pierres; on peut alors retirer la chaux par l'ouverture latérale.

La matière blanche qu'on extrait alors du four n'est plus du calcaire. En effet, si on y laisse tomber quelques gouttes de vinaigre, elle se fendillera en se gonflant, mais il n'y aura pas d'effervescence.

Le calcaire a perdu ce gaz qui formait les bulles de l'effervescence.

Ce n'est plus du calcaire. c'est de la *chaux vive.*

Il faut se garder de toucher la chaux vive avec les doigts; elle les brûlerait très dangereusement.

Lorsque les morceaux de *chaux vive* sont arrosés d'eau, ils se fendent de tous les côtés, se gonflent et tombent en dégageant beaucoup de chaleur. C'est alors de la *chaux éteinte.*

26. Mortier. — Lorsqu'on regarde des ouvriers faisant du mortier, on voit qu'ils forment une sorte de bassin avec du sable; ils y mettent ensuite de la chaux vive sur laquelle ils versent de l'eau. La chaux vive se fendille, et tombe en poussière, comme nous venons de le dire. Ils ajoutent encore de l'eau (fig. 22), et, quand la chaux éteinte forme une sorte de pâte laiteuse, ils la mêlent avec du sable grossier. C'est alors du *mortier.*

27. Emploi du mortier. — Le mortier durcit à l'air; c'est pour cela qu'on le fait toujours peu de temps avant le moment où on veut l'employer.

C'est justement parce que le mortier devient très dur lorsqu'on l'abandonne à l'air, qu'il peut servir à rejoindre les unes aux autres les pierres d'une construction.

Le mortier durcit ainsi parce que la chaux qu'il contient se transforme de nouveau en calcaire.

Détachons, en effet, un petit morceau de mortier durci qui réunit deux pierres d'une muraille. Un liquide acide y produira une effervescence. C'est que la chaux du mortier, abandonnée à l'air, a de nouveau absorbé le gaz qu'elle

Fig. 22. Ouvriers mêlant de l'eau à la chaux vive pour faire de la chaux éteinte.

avait perdu dans le four et qui se trouve dans l'air. A la longue, la chaux s'est transformée en calcaire.

Le sable, mélangé à la chaux dans le mortier, sert à le diviser, de manière à ce que l'air entre plus facilement dans ses différentes parties.

Quand le mortier est bien durci, c'est-à-dire quand la chaux qu'il renferme est complètement redevenue du calcaire, les pierres sont très fortement réunies les unes aux

2.

autres. Parfois, elles se cassent sous le choc, plutôt que de céder à l'endroit où elles sont réunies par du mortier.

28. Emploi de la chaux en agriculture. — On se sert de la chaux vive pour améliorer certaines terres de culture. On place dans les champs trop argileux de la chaux par petits tas, puis on la recouvre avec de la terre. Au bout de quelques semaines, l'humidité a réduit la chaux en une poudre fine ; on remue chaque tas et on mélange le tout avec la terre des champs. C'est ce qu'on appelle le *chaulage*.

Au bout de quelque temps, la chaux se change en calcaire, ce qui améliore les sols argileux.

Les bons effets de la chaux, en agriculture, sont tels que dans plusieurs pays on en fabrique de grandes quantités pour cet usage. C'est ainsi que, dans les départements de la Mayenne, des Deux-Sèvres et de la Vendée, des landes incultes ont été transformées en riches champs de blé ou en pâturages.

29. Résumé. — Les pierres calcaires sont celles qui font effervescence avec les acides. Les principales sont :

La *craie*, friable et pouvant se rayer avec l'ongle : elle sert à faire le blanc d'Espagne et les bâtons pour écrire.

Les *pierres à bâtir*, qui ont un grain grossier et ne peuvent pas se rayer avec l'ongle : elles servent à construire les murailles. Tels sont : le *calcaire grossier*, avec lequel on bâtit les maisons de Paris ; l'*oolithe*, qui a servi à bâtir celles de Mâcon.

Les *marbres,* qui ont le grain fin comme la craie, qui sont aussi durs que les pierres à bâtir et qui peuvent être facilement polis : ils servent à l'ameublement, à l'ornementation des monuments. Certains marbres sont employés à faire des statues ; d'autres fournissent les pierres lithographiques.

Tous les calcaires, chauffés dans des fours, se transforment en *chaux.*

La chaux, mêlée avec de l'eau et du sable, constitue le *mortier*, qui durcit peu à peu à l'air et est employé à cause de cela, pour souder entre elles les pierres d'une muraille.

On se sert de la chaux en agriculture pour améliorer les terres argileuses.

CHAPITRE IV.

30. — **Caractères auxquels on reconnaît une pierre à plâtre.** — Prenons le morceau de marbre statuaire dont nous avons parlé précédemment. Voici un autre morceau de pierre (1) qui, au premier abord, lui ressemble absolument. Il est également blanc, compact ; en le regardant de près, on voit qu'il est aussi formé de petits cristaux. Cherchons quelles différences nous pourrons trouver entre ces deux pierres en apparence si semblables.

Tout d'abord, voyons si ce morceau est un calcaire, comme le marbre. Versons quelques gouttes d'acide. Il ne se produit aucune effervescence, tandis que quelques gouttes, versées de même sur le morceau de marbre, en font sortir une quantité de bulles.

Ce n'est donc pas une pierre calcaire.

Essayons de rayer les deux morceaux avec l'ongle. Le marbre ne peut pas se rayer ; l'autre pierre se raye facilement. C'est là encore une différence avec le marbre.

Ce morceau, qui diffère ainsi du marbre, s'appelle *pierre à plâtre*. C'est avec cette roche en effet qu'on fabrique le plâtre dont on fait un si grand usage dans les constructions, pour donner aux murs et aux plafonds une surface unie.

D'une manière générale, on peut reconnaître les pierres à plâtre aux caractères suivants :

---

(1) Examiner en même temps un morceau de marbre statuaire (calcaire saccharoïde) et un morceau de pierre à plâtre compacte et cristallisée (gypse saccharoïde).

Elles ne font pas effervescence avec le vinaigre ;

Elles se rayent à l'ongle ;

Leur cassure a souvent un aspect cristallin, c'est-à-dire qu'elle présente des facettes plates et brillantes.

31. Cristaux en fer de lance. — Voici un autre fragment (fig. 23), qui est en apparence bien différent de celui

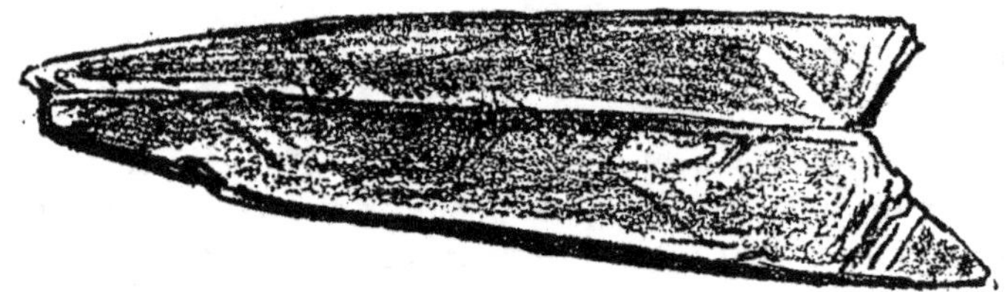

Fig. 23. Cristal en fer de lance.

que nous venons d'examiner. C'est un grand cristal brillant allongé en pointe ; sa forme lui a fait donner le nom de *fer de lance*.

Il est d'une matière transparente comme du verre. En regardant avec attention, on y remarque en certains endroits de jolis effets de couleurs, qui rappellent l'arc-en-ciel. Avec un canif ou avec les doigts on peut séparer ce cristal en minces feuillets. Les ouvriers l'appellent quelquefois *miroir des ânes*.

C'est encore une pierre à plâtre.

Nous pouvons constater en effet qu'elle se raye avec l'ongle, qu'elle ne fait pas effervescence avec le vinaigre, qu'elle a une cassure cristalline. Ces trois caractères réunis nous la font reconnaître.

On trouve les pierres à plâtre, soit compactes, soit en *fer de lance* ou encore sous forme de divers cristaux allongés, en beaucoup de points de la France, où elles forment des collines : aux environs de Marseille, en Bourgogne et dans les Vosges, par exemple. Les coteaux de Montmartre et de Romainville, à Paris, sont formés presque complètement par d'énormes masses de pierre à plâtre. Il n'est pas rare d'y rencontrer des cristaux en fer de lance comme celui que nous venons de voir.

32. Plâtre. — Prenons une lamelle de ce cristal; chauffons-la au-dessus d'une lampe à esprit-de-vin : nous pourrons voir une petite fumée au-dessus de la lamelle ; c'est de l'eau qui s'en échappe ; en même temps le cristal va perdre peu à peu son éclat et deviendra friable. Une fois que toute l'eau que contenait la pierre sera partie, nous aurons du *plâtre*.

En chauffant dans un four le morceau de pierre à plâtre compacte, nous ferions de même évaporer l'eau qu'elle contient et nous obtiendrions encore du plâtre.

33. Fours à plâtre. — Pour faire le plâtre, on place les pierres à plâtre dans des fours (fig. 24), comme le calcaire pour faire la chaux ; mais, tandis que pour le calcaire il fallait chauffer très fort, pour la pierre à plâtre, il faut, au contraire, élever beaucoup moins la température. Il suffit d'une chaleur très peu supérieure à celle de l'eau bouillante. Si on chauffe trop fortement, le plâtre formé est mauvais.

Une fois qu'il est cuit, le plâtre est broyé en poudre sous des meules, puis on met cette poudre dans des sacs qu'on conserve dans des endroits bien secs.

34. Emploi du plâtre. — Pourquoi faut-il conserver le plâtre dans des endroits très secs ?

C'est justement parce que son rôle est d'absorber l'humidité de l'air pour se durcir, pour *faire prise*, comme l'on dit.

Nous avons vu que le calcaire débarrassé par la chaleur du gaz qu'il contient donne la chaux, et que cette même chaux exposée à l'air reprend peu à peu ce gaz, pour durcir et redevenir du calcaire.

De même, la pierre à plâtre, débarrassée par la chaleur de l'eau qu'elle contient, se transforme en plâtre, et ce même plâtre exposé à l'air humide reprend l'eau pour redevenir aussi dur que la pierre à plâtre dont il a été tiré.

Seulement, tandis que le mortier ne fait prise qu'à la longue, le plâtre qu'on mêle avec l'eau fait prise immédiatement, puisque c'est l'eau qui le durcit.

Fig. 24. Four à plâtre.

Le plâtre est moins important que la chaux dans les constructions: il sert surtout aux maçons pour donner une surface unie aux murs et aux plafonds, ce qui u pourrait être obtenu aussi bien avec le mortier ou avec la chaux. On peut en faire des moulures, pour les rosaces qui sont au milieu du plafond ou divers ornements; on l'utilise aussi pour sceller les marbres des cheminées ou les carreaux du sol.

En général, on ne l'emploie guère qu'à l'intérieur des constructions, parce que, lorsqu'il est exposé à l'air, il est enlevé et dissous par la pluie. On voit souvent sur le plâtre des toitures ou à l'extérieur des fenêtres, une multitude de trous : ils ont été faits par les pluies qui ont commencé à dissoudre le plâtre.

Mêler à de l'eau la poudre blanche dont nous avons vu la préparation, et en faire une pâte, cela s'appelle *gâcher* le plâtre. On ne gâche pas le plâtre à l'avance; on ne le mélange avec l'eau que par petites quantités, à mesure qu'on en a besoin, parce que, comme nous l'avons dit, la pâte ainsi formée se durcit très vite.

35. Plâtre fin. — Moulage. — Le plâtre ordinaire qu'on emploie dans les constructions se fait avec la pierre à plâtre compacte, dont nous avons examiné un morceau au commencement de ce chapitre.

Mais on emploie, pour mouler les statues, du plâtre beaucoup plus fin et d'un plus beau blanc. Il peut être fait avec les cristaux en fer de lance dont nous avons parlé. Comme il faut avoir du plâtre bien blanc, on ne cuit pas ces cristaux dans les fours à plâtre ordinaires ; la fumée du feu noircirait toujours un peu le plâtre. Les cristaux de pierre à plâtre sont placés dans des fours contruits comme ceux des boulangers, de façon que la fumée ne puisse pas toucher le plâtre. On obtient ainsi une belle poudre blanche semblable à de la farine.

Si on veut mouler une statuette, on fait une bouillie de cette poudre en la mêlant avec de l'eau; puis on la verse dans un moule qui présente en creux ce qui doit apparaître en relief. Une fois que le plâtre a durci, on sépare les différentes pièces du moule et l'on en retire la statuette (fig. 25

Elle apparaît avec ses moindres détails, car le plâtre en durcissant se presse avec vigueur contre le moule. On peut ensuite recommencer, et le même moule donnera autant

Fig. 25. Statue en plâtre et moule qui a servi à la faire.

d'exemplaires de la statuette qu'on le voudra. Cette propriété du plâtre permet de multiplier à très bon marché les reproductions des plus belles sculptures en marbre.

36. Stuc. — Si, au lieu de gâcher le plâtre avec de l'eau ordinaire, on le gâche avec de la colle forte ou avec de l'eau de savon, on obtient une matière qu'on appelle *stuc*, avec laquelle on fait certaines billes, et dont le principal usage est surtout d'imiter le marbre.

Pour reproduire artificiellement les veines colorées des marbres, on mêle dans la pâte des poudres de diverses couleurs. Lorsque le stuc est durci, on le polit avec une pierre à aiguiser, puis on le frotte avec de l'huile. On ne peut employer le stuc qu'à l'intérieur des constructions, car

au dehors l'eau de la pluie le dégrade comme le plâtre
ordinaire.

Il est facile de distinguer du vrai marbre un morceau de
ce faux marbre en stuc ; quand on le touche avec la main,
on n'a pas l'impression de froid que produit un morceau de
marbre.

37. Application du plâtre à l'agriculture. — Le
plâtre, qui est moins important que la chaux dans les constructions, l'est aussi beaucoup moins en agriculture. Cependant on l'emploie avec succès pour activer la végétation
de certaines plantes fourragères telles que la luzerne.

Pour montrer aux cultivateurs, qui refusaient de l'employer, l'effet utile du plâtre sur la luzerne, le savant
américain Franklin sema du plâtre dans un champ, de façon
à tracer ces mots anglais : *This has been manured with
plaster* (c'est-à-dire : « Ceci a été plâtré »). Puis il sema de
la luzerne dans tout le champ ; mais elle poussa plus haute
et plus vigoureuse sur les endroits plâtrés, de façon qu'au
bout d'un certain temps, on pouvait lire sur l'herbe de la
prairie les mots qui ont servi à convaincre ses compatriotes
et à leur faire employer le plâtre pour la culture des plantes
fourragères.

38. Résumé. — Les pierres à plâtre sont en masses
compactes, blanchâtres, ou en cristaux transparents. On
les reconnaît à ce qu'elles ne font pas effervescence avec
le vinaigre et à ce qu'elles se laissent rayer à l'ongle.

Si on chauffe la pierre à plâtre, l'eau qu'elle contient
s'évapore et on obtient du *plâtre.* Le plâtre mêlé à l'eau
forme une pâte qui devient dure. On l'emploie dans l'intérieur des constructions.

Le plâtre gâché avec de la colle donne du *stuc*, qui peut
servir à imiter le marbre.

Le plâtre sert aussi à améliorer les terres où l'on cultive
les plantes fourragères.

CHAPITRE V.

ARGILE.

39. Caractères auxquels on reconnaît l'argile. — Si
nous allons dans un endroit où l'on fabrique des poteries ou
des briques, nous verrons des carrières où l'on exploite la

Figure 26. Carrière d'argile près de Paris.
Les couches d'argile sont celles qui sont situées en bas de la carrière,
au-dessous on exploite le calcaire grossier.

terre qui sert à les faire (fig. 26). Cette terre n'a pas les caractères de la terre végétale (§ 76); à Meudon, par exemple, elle
se trouve à une grande profondeur au-dessous de la surface

du sol. C'est une roche : on l'appelle *argile*. En voici un morceau (1). Voyons en quoi elle diffère de toutes les pierres que nous avons examinées jusqu'à présent.

D'abord on peut remarquer qu'elle est douce au toucher et qu'elle se laisse rayer avec l'ongle bien plus facilement que la craie ou que la pierre à plâtre. Coupons-en un morceau avec un couteau et plaçons la partie coupée contre la langue; elle s'y colle très fortement. Il n'en est pas ainsi des autres roches.

Essayons d'y verser quelques gouttes d'acide : il n'y a pas d'effervescence.

L'argile a encore un caractère tout spécial: si on la mêle avec l'eau, on peut la pétrir et la modeler entre les doigts. Ni les calcaires, ni les pierres à plâtre n'ont cette propriété de faire directement pâte avec l'eau.

C'est parce que l'argile peut être ainsi maniée, quand on la mêle avec l'eau, que les sculpteurs l'utilisent pour modeler les ébauches de leurs statues.

Nous pourrons toujours reconnaître une argile aux caractères suivants :

C'est une roche tendre au toucher, qui se raye très facilement avec l'ongle. Si on la presse sur la langue, elle s'y applique fortement.

Elle fait pâte avec l'eau et peut se pétrir entre les doigts. Lorsqu'elle se dessèche, elle se fendille.

Sa cassure a l'aspect terreux; elle ne fait pas effervescence avec les acides.

40. L'argile perd ses caractères quand on la chauffe fortement. — Si l'on chauffe fortement le morceau d'argile que nous venons d'examiner, il se transforme complètement. Voici ce qu'il sera devenu (2): il n'est plus

---

(1) L'échantillon examiné doit être de l'argile proprement dite et non de l'argile marneuse, mêlée de calcaire, qui ferait par conséquent effervescence.

(2) Un morceau de brique.

doux au toucher, au contraire, il est maintenant très dur; l'ongle ne peut plus le rayer; l'eau n'a plus aucune action sur lui; on ne peut plus le pétrir dans les mains. L'argile est devenue de la *brique*.

41. Terre à briques. — Fabrication des briques. — Ce sont les argiles les moins pures qui servent à faire les briques. On appelle ces argiles de la *terre à briques*.

Elles sont le plus souvent brunes ou rougeâtres, parce qu'elles contiennent de la rouille de fer. Ce sont les matières ferrugineuses mêlées à l'argile qui, par la cuisson, deviennent tout à fait rouges et donnent aux briques leur couleur.

Pour fabriquer les briques, on les taille dans la terre argileuse humide, puis on les fait sécher, souvent après les avoir battues. Une fois qu'elles sont sèches, on les cuit dans des fourneaux.

La méthode qu'on emploie dans le nord de la France consiste à les cuire en les disposant par étages, dans des fourneaux faits avec les briques elles-mêmes, en ménageant çà et là des intervalles où l'on brûle le combustible qui produit la chaleur. On établit ces fourneaux à l'endroit même où l'on exploite la terre à briques. Tous les combustibles, même les plus mauvais, comme la tourbe, sont suffisants pour cuire les briques. On doit conduire le feu avec ménagement; si l'on chauffe trop fortement, il arrive que les briques qui sont au centre se fondent ensemble, car elles peuvent, à une température élevée, se transformer en un verre grossier, tandis que celles qui sont à l'extérieur ne sont qu'à moitié cuites.

42. Usage des briques. — Comment pourra-t-on construire les maisons dans les pays où le sol est entièrement argileux, où l'on ne trouve pas de pierres à bâtir? Grâce à cette propriété de l'argile, qui devient dure et résistante par la cuisson, on aura artificiellement un excellent matériel de construction, léger, impénétrable à l'humidité: ce sont les briques dont nous venons de parler.

Dans les pays où les pierres à bâtir font défaut, on construit toutes les maisons en briques.

Nous avons déjà vu, à propos des pierres à bâtir, qu'on peut juger très souvent de la nature du sol d'une contrée, en regardant comment y sont bâties les maisons des villages.

A Paris, à Lyon, les maisons sont construites en pierre à bâtir; c'est que le sol renferme des calcaires résistants propres aux constructions.

Dans le département du Nord, à Lille et aux environs, toutes les maisons sont construites en briques; c'est que le sol ne contient pas de calcaires, mais de l'argile.

La brique est une matière de construction qui a de telles qualités, qu'on l'emploie fréquemment, même dans les pays où il se trouve de la pierre à bâtir; on construit souvent des maisons qui sont à la fois en pierres calcaires et en briques.

On fait aussi des briques de meilleure qualité, mais beaucoup plus chères, en comprimant très fortement la terre à briques dans des moules en fonte. La terre à briques sert aussi pour faire des tuiles ou des poteries grossières avec lesquelles on fabrique des tuyaux de cheminée et des tuyaux pour la conduite des eaux (fig. 27), etc.

Fig. 27. Tuyau en poterie grossière pour la conduite des eaux.

43. Terre à poteries. — Toutes les argiles peuvent servir à faire des briques, pourvu qu'elles ne soient pas mêlées de calcaire; mais les argiles les plus grossières ne peuvent pas servir à faire les poteries. On se sert pour ce dernier usage d'argiles un peu plus fines qu'on nomme *terre à poteries*.

44. Fabrication de poteries. — Pour faire les poteries, on broie d'abord l'argile avec de l'eau; on fait ainsi une pâte facile à modeler. Une fois la pâte faite, le potier se sert, pour lui donner rapidement une forme régulière, d'un appareil très simple : c'est le *tour à potier*.

Ce tour (fig. 28) se compose d'une table de travail ronde, sur laquelle est placée la pâte argileuse. Le pied de cette table est formé par une barre de fer qui va passer en bas, au milieu d'une roue pleine, en bois. L'ouvrier fait tourner cette roue en la poussant du pied ; la roue en bois fait tourner en même temps l'axe en fer, la table de travail et la masse de pâte argileuse placée dessus. L'ouvrier plonge alors le pouce dans l'argile à laquelle le mouvement uniforme du

Fig. 28. Tour à potier. Ouvrier occupé à modeler une pièce.

plateau donne déjà une forme régulière ; le pouce s'enfonce dans le creux formé, tandis que les autres doigts et l'autre main tout entière sont appliqués à l'extérieur de la pâte.

En un instant, la pièce prend sa forme avec une surprenante rapidité, les parois du vase s'amincissent et se façonnent à la volonté de l'ouvrier ; avec un outil qu'il maintient fixe contre la pâte pendant qu'elle tourne, il achève d'orner la poterie par différentes moulures.

Quand on a fini de mouler la pièce au tour, on la laisse sécher à l'air, puis on la plonge dans une sorte de bouillie composée d'une poussière de minerai de plomb et d'eau.

On place alors les poteries dans un fourneau : l'argile se cuit, devient très dure, tandis que l'enduit de plomb forme à la surface une sorte de vernis vitreux jaune.

On peut obtenir des vernis de différentes couleurs, verts, bleus, rouges, violets, avec des minerais de divers métaux.

45. Faïence. — La *faïence* se fait comme les poteries ordinaires ; mais on masque la teinte rouge ou grise de l'argile, après la cuisson, par une épaisse couche de vernis blanc à l'étain. C'est ainsi que se fabriquent un grand nombre des objets de vaisselle qu'on emploie ordinairement.

46. Argiles réfractaires. — On appelle ainsi des argiles presque pures qu'on ne trouve que dans certains pays. Elles peuvent être soumises à des chaleurs très fortes sans qu'elles se fondent. C'est avec ces *argiles réfractaires* qu'on fait les vases et les fourneaux pour fondre les métaux.

47. Terre à porcelaine. — La porcelaine est la plus belle des poteries ; on la reconnaît à sa finesse, à son éclat régulier : elle laisse un peu passer la lumière lorsqu'elle n'est pas trop épaisse ; sa cassure est blanche et non rouge, brune ou grise, comme celle de la faïence grossière.

Il y a cinquante siècles que la porcelaine est connue des Chinois et des Japonais. C'est une matière si répandue en ces pays qu'on s'en est servi comme pierre de construction.

C'est seulement au commencement du siècle dernier qu'on

est parvenu à imiter, en Europe, la porcelaine de Chine. L'électeur de Saxe, à cette époque, avait enfermé dans une forteresse le chimiste Bötticher, qui lui avait promis de révéler le secret de la pierre philosophale, cette merveille qui devait changer tous les objets en or et qui a pendant si long-temps occupé d'une façon stérile l'imagination de tous les chercheurs.

Or, les études de Bötticher devait être surveillées par un comte saxon qui s'occupait de rechercher le mode de fabrication de la porcelaine. Bötticher laissa bien vite de côté les travaux qu'il était chargé d'entreprendre, pour chercher, lui aussi, le secret de la porcelaine, qu'il jugea plus utile que le rêve de la pierre philosophale.

Un jour, il eut par hasard connaissance d'une terre blanche découverte en Saxe par un forgeron. Il sut que le cheval de ce forgeron s'était embourbé dans cette terre. On lui en apporta un échantillon et il reconnut que c'était de l'argile pure ; il essaya d'en fabriquer des poteries. Après plusieurs tentatives, il finit par obtenir des porcelaines de très belle qualité. Ainsi prit naissance la célèbre porcelaine de Saxe, la première porcelaine faite en Europe.

La *terre à porcelaine* est une argile blanche très dure qu'on trouve très rarement. La plus employée, en France, provient des environs de Limoges, où elle a été découverte soixante ans après celle de Saxe. C'est celle dont on se sert à la Manufacture de porcelaines établie à Sèvres par le Gouvernement.

48. Fabrication de la porcelaine. — La porcelaine se fabrique à peu près comme les autres poteries ; mais elle doit être faite avec plus de délicatesse et cuite avec plus de soins.

Pour purifier complètement la terre à porcelaine, on la chauffe fortement, puis on la jette dans l'eau froide et on la lave. On en fait ainsi une pâte humide.

Avec la pâte, on ébauche les objets, en leur donnant leur forme générale sur le tour à potier dont nous avons déjà parlé ; dans l'autre cas, on donne aux objets leur forme, en comprimant fortement la pâte dans les moules.

On laisse un peu sécher les pièces ainsi ébauchées par l'ouvrier, puis on replace la pièce sur le tour et l'on achève de lui faire prendre sa forme définitive. Pour cela, l'ouvrier la fait tourner de nouveau, puis il lui donne l'épaisseur et la finesse voulue ; il se sert ensuite de divers instruments avec lesquels il entame les pièces ébauchées pour achever de les former.

49. Vernis. --- Les porcelaines, si on les cuisait ainsi n'auraient pas ce poli qui les rend agréables à l'œil ; elles auraient aussi l'inconvénient d'être rugueuses et de se tacher facilement.

Aussi, avant de les cuire, on les trempe dans une matière qui formera à l'extérieur un **vernis** imperméable et luisant, sous l'action de la chaleur.

La matière qui sert à faire ce vernis est un minéral appelé *feldspath*, un des éléments de la roche qu'on nomme granit. Nous en parlerons plus loin. (Voyez § **71**.)

On réduit ce minéral en poudre très fine ; on agite cette poussière dans l'eau ; ainsi délayée, elle forme une sorte de bouillie claire appelée *barbotine* : c'est dans cette barbotine qu'on doit tremper les pièces avant de les faire cuire.

50. Cuisson de la porcelaine. — Pour cuire les pièces de porcelaine, on les enferme dans des vases faits avec des argiles réfractaires (§ **46**). Elles sont ainsi protégées contre la violence de la chaleur par ces poteries, très résistantes au feu.

A la manufacture de Sèvres, **on cuit** la porcelaine **dans** des fours à trois étages, **tels que celui** qui est ici **repré-**senté (fig. 29).

Les deux étages inférieurs renferment des piles de vases en poterie contenant les pièces à cuire ; ils sont chauffés par des feux faits à leur base, à droite et à gauche (F, F, F, F.)

Dans l'étage supérieur, où la chaleur est beaucoup moins forte, on place les objets façonnés avec la terre à porcelaine.

Fig. 29. Four à trois étages pour cuire la porcelaine.
F,F,F,F, foyers de chauffage.

mais qui ne sont pas encore vernis (1). On ne les trempe dans la barbotine qu'après cette première cuisson.

La cuisson des pièces de porcelaine dans les deux étages inférieurs dure trente-six heures. Lorsqu'elles sont refroidies, on les retire de leurs vases en poterie réfractaire : la porcelaine est faite.

51. Peinture des poteries et des porcelaines. — La plupart des objets en porcelaine ne sont pas complètement blancs : ils sont ornés de peintures et de dorures. Il existe aussi des poteries décorées de plusieurs couleurs.

Ces peintures ne sont pas faites avec les couleurs ordinaires ; elles ne sont pas simplement appliquées sur les objets avec des pinceaux. De telles peintures seraient enlevées par un lavage.

La peinture sur poterie ou sur porcelaine est un art très difficile. On se sert de composés métalliques qui, une fois fixés par la cuisson, résistent au feu et au frottement. Ces diverses substances minérales se combinent avec l'argile lorsqu'on la chauffe dans les fourneaux et forment avec elle un vernis coloré, différent pour chaque substance.

Une des plus grandes difficultés de la peinture sur porcelaine, c'est que les composés qui servent à produire les couleurs n'ont pas, au moment où on les met, la teinte qu'ils prendront par la cuisson. Une poudre noire ou brune pourra produire du jaune ou du bleu, lorsque la pièce sera cuite.

Lorsque plusieurs de ces diverses poudres ont été appliquées par exemple sur une assiette, on l'introduit dans un fourneau de terre fortement chauffé, où la flamme n'entre pas ; les couleurs se produisent alors par l'action du feu ; mais il faut que l'artiste ait appliqué les poudres métalliques avec beaucoup de soin. Il doit juger d'avance des teintes qui se produiront par la cuisson.

52. Mélanges naturels d'argiles et de calcaires.

---

(1) La porcelaine non vernie se nomme *biscuit*

—Marnes.—Voici un morceau d'une roche qu'on trouve souvent dans le sol, en grandes masses ; on l'appelle *marne* (1). Essayons d'y verser quelques gouttes de vinaigre : il y a effervescence. C'est un des caractères des pierres calcaires ; mais, cependant, cette sorte de terre peut se délayer dans l'eau ; elle a l'odeur de l'argile. Cassons-en un morceau, appliquons la cassure contre la langue : le morceau s'y colle fortement, comme un morceau d'argile ; elle est tendre et se raye facilement, comme l'argile.

Ce n'est pas un calcaire proprement dit, puisqu'elle est très tendre, puisqu'elle se délaye facilement dans l'eau et puisqu'elle colle à la langue.

Ce n'est pas une argile proprement dite, puisqu'elle fait effervescence avec le vinaigre.

C'est un mélange naturel de calcaire et d'argile.

Il y a des marnes très argileuses et peu calcaires, on les appelle *marnes argileuses*.

Il y en a d'autres très calcaires, au contraire : on les appelle *marnes calcaires*. Ainsi, le mélange des deux sortes de roches peut se trouver naturellement en toutes proportions.

53. Marnage des terres. — On se sert des marnes en agriculture. On les mélange à la terre végétale pour lui donner de meilleures qualités.

Si la terre argileuse d'un champ est trop dure, on y mettra de la marne calcaire, pour la rendre plus légère ; si la terre d'un champ est, au contraire, trop légère, complètement sableuse ou calcaire, on lui donnera de la consistance en y ajoutant de la marne argileuse.

Ces opérations, sur lesquelles nous reviendrons (voyez § 92), s'appellent le *marnage des terres*.

54. Chaux hydraulique. — La chaux ordinaire est

____

(1) Examiner un morceau de marne qui ne soit ni trop argileux ni trop calcaire

formée par des pierres tout à fait calcaires (§§ 24, 25). Si l'on cuit certaines pierres calcaires mêlées d'argile, on obtient une autre sorte de chaux, apppelée *chaux hydraulique*. Le mortier qu'on fait avec cette chaux possède l'utile propriété de durcir dans l'eau. On s'en sert pour faire les piles des ponts, les constructions des ports, les citernes, les murs des caves.

Lorsqu'on mélange artificiellement la chaux hydraulique à des morceaux de pierres cassés, on obtient une matière compacte qui durcit sous l'eau et qu'on emploie dans la construction des digues. Ce mélange de pierres concassées et de chaux hydraulique s'appelle *béton*.

55. Ciment. — Le *ciment* est une variété de chaux hydraulique. On ne l'obtient qu'avec certains calcaires argileux qu'on trouve assez rarement dans le sol.

Le ciment durcit presque immédiatement au contact de l'eau; on est obligé de le gâcher comme le plâtre, au moment même où on l'emploie.

On est parvenu à fabriquer artificiellement du ciment, en chauffant ensemble des mélanges de craie et d'argile.

Il est quelquefois employé dans les constructions ordinaires: pour bâtir les maisons, pour fabriquer des balustrades, pour faire des dalles de trottoirs, etc., comme à Grenoble, par exemple.

56. Résumé. — L'argile est molle; elle colle à la langue; on peut la pétrir dans l'eau; elle ne fait pas effervescence avec le vinaigre. Si on la chauffe fortement, elle devient très dure.

On se sert de différentes sortes d'argiles qu'on cuit pour fabriquer les *briques*, les *poteries*, les *faïences*, les *porcelaines*.

Les briques et les poteries se font avec les argiles les moins pures.

Les faïences sont des poteries recouvertes d'un vernis blanc.

Les porcelaines se fabriquent avec une variété d'argile blanche très pure, qu'on trouve rarement.

Les mélanges naturels d'argile et de calcaire qu'on rencontre dans le sol, s'appellent *marnes*.

Les marnes ressemblent à l'argile, mais elles font effervescence avec les acides, comme le calcaire. On s'en sert en agriculture pour les mélanger aux différentes terres des champs.

Certains mélanges de calcaire et d'argile peuvent, lorsqu'ils sont chauffés, produire la *chaux hydraulique* et le *ciment*, qui durcissent sous l'eau ; on les emploie dans beaucoup de constructions.

CHAPITRE VI.

PIERRES SILICEUSES.

57. Caractères auxquels on reconnaît une pierre siliceuse. — Nous avons déjà parlé des pierres siliceuses (§ 13) ; nous avons vu quels sont les caractères du *silex* et de la *meulière* (§§ **6, 12**).

En général, on reconnaît les pierres siliceuses aux caractères suivants :

Elles sont très dures ; on ne peut pas les rayer avec un couteau ; or, toutes les sortes de pierres dont nous avons parlé se laissent facilement rayer par un couteau. Frappées fortement contre du fer, elles donnent des étincelles.

Elles ne font pas effervescence avec le vinaigre.

On ne peut les casser qu'à coups de marteau ; l'aspect de la cassure varie suivant les différentes pierres siliceuses ; elle n'est jamais terreuse.

58. Cristal de roche. — Lorsqu'on va dans les hautes montagnes du Dauphiné, il n'est pas rare de rencontrer des cristaux comme ceux-ci (fig. 30). Ils diffèrent, par la forme, des cristaux de pierre à plâtre, en fer de lance : chacun d'eux possède six faces et se termine par une pyramide pointue (fig. 31) ; ces cristaux sont souvent groupés par la base. On les trouve disposés ainsi quelquefois dans des cavités, au milieu des roches : c'est ce qu'on appelle du *cristal de roche.*

Essayons de les rayer avec un canif : c'est impossible. Frappons un morceau de cristal de roche contre du fer : il donnera des étincelles. Enfin le vinaigre n'y produit aucune effervescence.

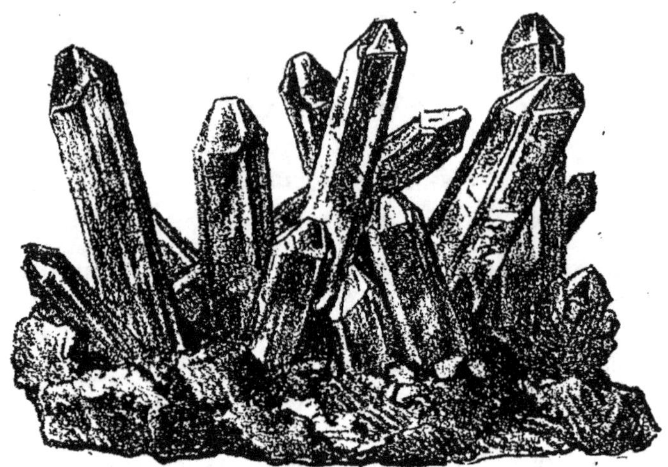

Fig. 30. Cristal de roche.

C'est donc une pierre siliceuse. C'est la plus pure de toutes.

Quelquefois, au lieu d'être incolore, le cristal de roche est teint par des substances étrangères qui lui donnent une belle

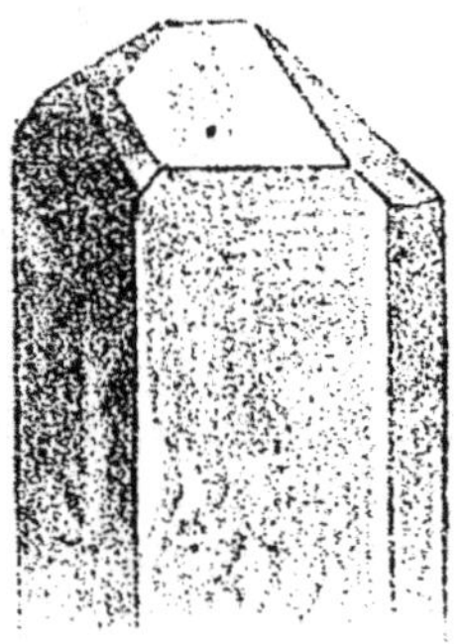

Fig. 31. Morceau de cristal de rocte

couleur, sans lui enlever sa transparence. Si le cristal de

roche est coloré en violet, c'est ce qu'on appelle l'améthyste. On l'emploie en bijouterie.

Les fleuves entraînent quelquefois des morceaux de cristal de roche ; ils finissent par être arrondis et polis par le frottement des eaux qui les roulent contre le fond ou contre les rives. Ils prennent alors la forme de cailloux transparents. C'est ainsi que se produisent les cailloux du Rhin qu'on emploie pour faire des **boutons**, des cachets ou des coupes.

59. Agate. — Les billes d'agate sont faites aussi avec une sorte de pierre siliceuse assez pure.

On appelle *agate*, en général, les pierres siliceuses qui sont à moitié transparentes, veinées et colorées de nuances variées, en bandes parallèles (fig. 32). L'agate ne se trouve

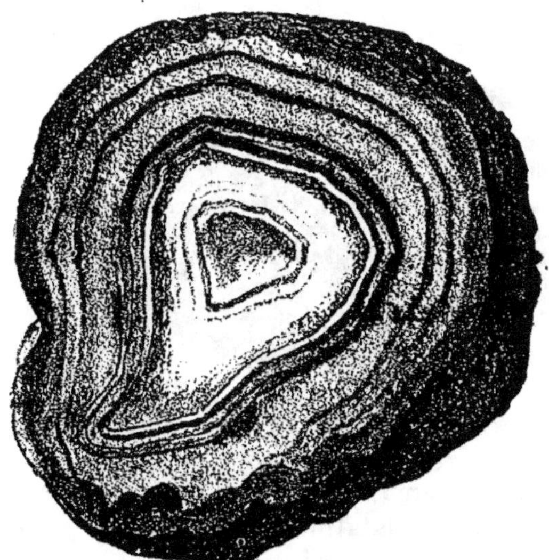

Fig. 32. Morceau d'agate qu'on a poli d'un côté.

pas en cristaux, comme le cristal de roche proprement dit ; on la trouve, comme les silex, sous forme de masses arrondies, irrégulières.

Presque toutes les agates qu'on utilise viennent de la Prusse rhénane, où on les rencontre dans des roches porphyriques (§ 73). On fabrique avec l'agate des cachets, des boucles d'oreilles, des breloques, des tabatières, des billes.

Les *camées*, qui sont des médaillons sculptés d'un très grand prix, sont taillés dans les plus belles variétés d'agate. Les anciens nous ont laissé des coupes et des médaillons en agate d'une sculpture admirable, qui n'ont été en rien altérés par le temps. C'est surtout parceque l'agate est dure et inaltérable que les objets qu'on y sculpte ont une grande valeur.

60. Silex ou Pierre à fusil. — Nous avons déjà examiné un morceau de silex (fig. 33). Voyons en quoi il diffère des autres pierres siliceuses :

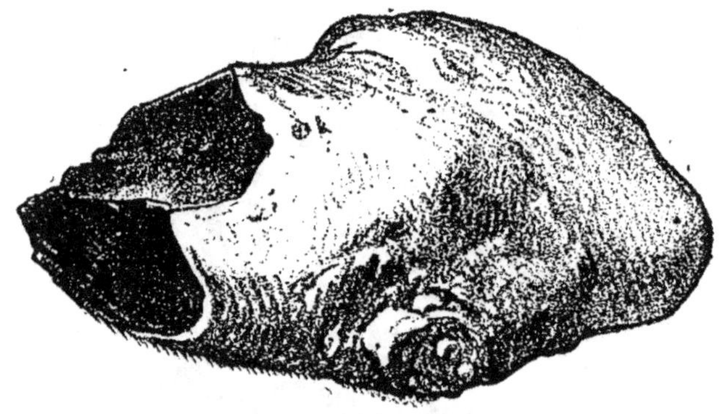

Fig. 33. Morceau de silex.

Tout d'abord nous remarquons qu'il n'est pas en cristaux transparents comme le cristal de roche et qu'il n'est pas veiné et coloré de nuances variées comme l'agate.

Regardons un des éclats qui se produisent quand on casse un morceau de pierre à fusil : il est un peu translucide sur les bords, c'est-à-dire qu'il laisse passer la lumière, sans qu'on puisse distinguer les objets au travers ; mais il n'est pas transparent comme le cristal de roche, ni même à moitié transparent comme l'agate ; enfin sa cassure en surfaces creuses, l'odeur particulière qu'on remarque quand on en fait jaillir des étincelles, sa forme extérieure irrégulièrement arrondie, sont encore des caractères distinctifs du silex.

Le silex a été utilisé par les premiers hommes pour faire des instruments de toute sorte. Lorsqu'ils ne connaissaient pas encore l'usage des métaux, ils taillaient dans cette pierre dure des haches (fig. 34), des couteaux, des pointes de

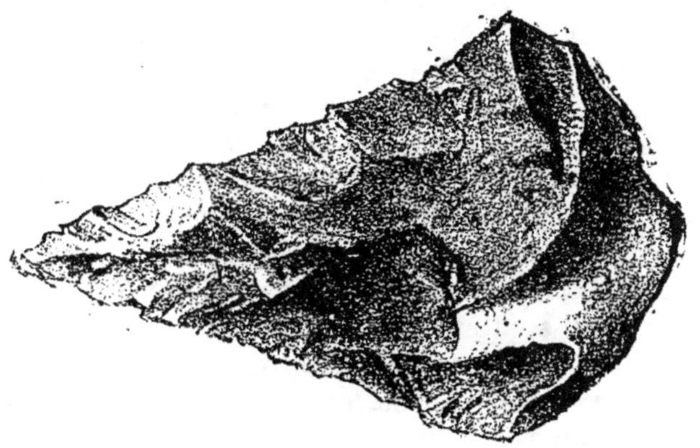

Fig. 34. Morceau de silex taillé pour servir de hache.

lance ou de flèche, qui leur servaient pour la chasse. Ils l'employaient aussi à allumer le feu ; c'était peut-être l'usage le plus important du silex, car la possession du feu est un des premiers principes de la puissance de l'homme. Partout l'homme sait faire du feu et l'utilise pour une foule d'usages.

Certains sauvages de l'Océanie se servent encore de divers instruments en silex.

Après l'invention de la poudre, on a employé le silex pour mettre le feu aux fusils, d'où son nom de pierre à fusil. Le morceau d'acier recourbé qu'on appelle le chien du fusil, poussé par la gachette, venait frapper contre le morceau de silex : les étincelles mettaient le feu à la poudre. Mais quelquefois, les étincelles ne se produisaient pas ou ne se formaient pas à l'endroit voulu : le coup ne partait pas. On a remplacé avec avantage les fusils à pierre, par les fusils à capsules fulminantes.

On fait encore usage, assez souvent, du silex pour faire des briquets, comme nous l'avons dit (§ 6). Les fumeurs s'en servent assez fréquemment pour allumer leur cigare ; sur l'impériale d'une voiture, sur le pont d'un bateau, où une allumette serait éteinte par le vent, un briquet à amadou leur est très commode.

Nous avons dit qu'on trouve ordinairement beaucoup de silex dans la craie, où ils sont disposés en couches parallèles. Dans un pays où le sol est formé partout par de la craie à silex, comme dans le département de l'Yonne, par exemple, on se sert du silex pour construire les murs. Comme les morceaux de silex ne peuvent se tailler, on les casse grossièrement et on les rejoint par du mortier.

On se sert aussi des silex, dans ces pays, pour empierrer les routes. Ils sont en effet très durs et bons pour ferrer les chemins ; la craie est beaucoup trop tendre ; des chemins empierrés avec de la craie, ou encore avec de la pierre à plâtre, ne seraient plus qu'une masse de boue, après la pluie. Ceux que l'on fait avec du calcaire grossier sont encore fort mauvais.

61. Pierres meulières. — Nous avons vu que les fragments qu'on détache du silex sont à bords tranchants. C'est un des inconvénients des routes empierrées avec le silex. Lorsqu'on vient d'en placer des fragments sur le chemin, les pieds des chevaux ou les souliers des passants peuvent être coupés.

Dans les contrées où se trouve la *pierre meulière* dont nous avons parlé, on l'emploie de préférence au silex pour entretenir les chemins.

Reprenons le morceau de meulière que nous avons déjà examiné (fig. 35). C'est, comme nous le savons, une pierre

siliceuse : elle ne se raye pas au canif, elle fait feu au briquet.

Elle diffère des autres parce qu'elle présente une masse
de petites cavités irrégulières : elle n'est pas cristallisée,
elle n'a pas la cassure du *silex*. Nous avons dit qu'on l'appelle

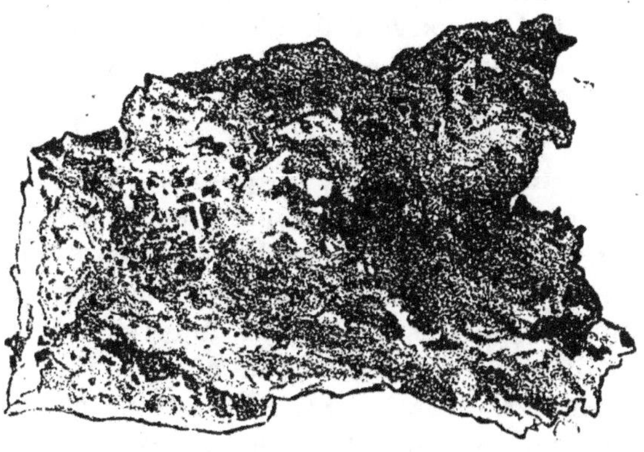

Fig. 35. Morceau de meulière.

meulière parce qu'on l'emploie quelquefois pour faire des
meules, à cause de sa dureté.

**62. Usage des pierres meulières dans les cons-
tructions.**—Lorsqu'une construction en pierres de taille calcaires est faite dans des endroits humides, elle ne dure pas
très longtemps : les pierres s'abîment et se laissent pénétrer par l'eau.

C'est pour cela qu'à Paris on ne construit pas les fondations des édifices en pierres à bâtir : on les fait en pierres
meulières. Les pierres meulières sont, en effet, beaucoup
plus solides, plus dures, plus imperméables. On s'en sert
aussi beaucoup dans les travaux de construction sur les
chemins de fer, pour les ponts et pour les maçonneries des
tranchées, ainsi que pour les voûtes des égouts.

Pourquoi, peut-on se demander, ne pas s'en servir pour
construire complètement la maison ? C'est que la dureté,

qui est un avantage de la pierre meulière, est, à un autre point de vue, un inconvénient. La pierre meulière étant une pierre siliceuse, ne peut être entamée par l'acier d'un couteau ; elle ne le sera donc pas davantage par les dents d'une scie ordinaire. En outre, l'extraction de la meulière est plus coûteuse que celle de la pierre de taille ; aussi se contente-t-on souvent de n'utiliser que les fragments de meulière relativement petits, taillés plus ou moins irrégulièrement, à coups de marteau.

Dans les tranchées ou sur le côté des ponts de chemins de fer, aux environs de Paris, on peut se rendre compte de l'irrégularité de ces morceaux de meulière ; pour construire ces murs qui sont placés contre le sol, on se contente de rendre à peu près plat l'un des côtés des morceaux de meulière, on met ces parties plates en dehors. En plaçant les morceaux de différentes grandeurs à côté les uns des autres, on les fait s'ajuster à peu près, en taillant grossièrement les bords à coups de marteau ; on les réunit ensuite avec du mortier. On a ainsi ces constructions dites en araignée, parce que ces jointures de morceaux de meulière rappellent un peu les mailles du réseau d'une toile d'araignée.

La meulière est d'un moins bel aspect que la pierre de taille, mais elle résiste mieux qu'elle à l'humidité. Le meilleur est donc de l'employer pour toutes les constructions qui touchent le sol, et de réserver les pierres de taille pour les parties des murailles qui s'élèvent au-dessus de la terre.

63. Grès siliceux. — Sable. — Voici un autre morceau de roche (fig. 36) qu'on reconnaît tout de suite pour n'appartenir à aucune des autres pierres siliceuses dont nous venons de parler : c'est un fragment de pavé.

Nous savons déjà que les pavés sont des roches siliceuses, car il n'est pas rare de voir les étincelles jaillir sous les pieds des chevaux quand ils frappent les pavés avec leurs fers. Nous pouvons le constater sur ce morceau de

pierre : **il fait feu au** briquet, il ne se laisse pas rayer par
le canif; c'est du *grès siliceux.*

Fig. 36. Morceau de grès

Prenons ce morceau de grès et examinons-le de très
près, même avec une loupe, s'il le faut. Nous verrons alors
que ce n'est pas une roche simple : on y distingue de petits
grains plus ou moins arrondis et brillants, au milieu
d'une sorte de ciment qui les réunit entre eux. Ce sont
comme des grains de sable soudés par un ciment très dur.

Voici, en effet, du *sable.* Regardons les grains dont il
se compose ; nous voyons que les grains qui sont dans le
grès sont semblables à ceux du sable.

Ainsi le caractère distinctif du grès, c'est d'être composé
de grains de sable, soudés entre eux par un ciment naturel qui les relie les uns aux autres. Dans l'échantillon que
nous avons ici sous les yeux, la matière qui cimente les
grains de sable entre eux est siliceuse comme les grains
eux-mêmes. Mais il y a d'autres grès que le grès siliceux.

64. Grès calcaire. — Voici, par exemple, un grès
plus tendre, qui peut se rayer au couteau et dont souvent on

peut détacher les petits grains de sable avec beaucoup plus de facilité. Versons sur lui quelques gouttes de vinaigre : il fait effervescence. C'est donc qu'il contient du calcaire.

Mais, si l'on pulvérisait un morceau de ce grès, puis, si l'on versait la poudre de grès dans de l'acide, on pourrait isoler ainsi au fond du verre les grains de sable qui s'y trouvent.

Ainsi donc, les grains de sable que contient ce grès sont encore siliceux comme les précédents, mais la roche qui les cimente entre eux est calcaire : c'est un *grès calcaire*. Les rochers de Fontainebleau, dont nous avons déjà parlé, sont formés de grès calcaires (fig. 37) tandis que ceux d'Orsay sont en grès siliceux.

Fig. 37. Rochers de grès, à Fontainebleau.

Le grès calcaire est donc à la fois une roche siliceuse et une roche calcaire ; elle est siliceuse par les petits grains de sable qu'elle contient; elle est calcaire par la matière qui les cimente.

Il y a encore beaucoup d'autres espèces de grès diversement colorés; mais tous, quelle que soit leur composition, sont formés de grains de sable réunis par une substance.

Les grès rouges ou rougeâtres, qui sont très abondants dans les Vosges, sont des grès formés de grains de sable réunis entre eux par une matière qui contient du fer.

65. Usage des roches de grès. — Pavage. — Comme nous venons de le voir, les grès siliceux sont très durs, tandis que les grès calcaires sont tendres.

On emploie les premiers pour faire des pavés, les seconds, dans quelques pays, pour faire des pierres de construction.

Presque toutes les rues de Paris sont pavées avec des grès plus ou moins siliceux qu'on exploite dans les rochers de Fontainebleau et de Pontoise. On recherche surtout pour faire des pavés ceux qui sont à la fois durs et peu cassants. Un coup fortement appliqué sur le morceau de roche suffit pour le fendre nettement; on peut obtenir ainsi des pavés eu forme de cubes.

66. Grès de construction. — Les grès siliceux sont trop difficiles à tailler pour qu'on puisse s'en servir commodément pour construire. Les grès calcaires sont souvent, au contraire, trop tendres et se transforment facilement en sable; cependant on s'en sert pour construire, dans plusieurs pays où la pierre à bâtir est rare ou manque complètement.

Les grès ferrugineux, comme les grès rouges et roses des Vosges, sont très employés pour la construction des maisons. En Alsace et en Lorraine, on voit des villages qui sont complètement roses, parce qu'ils sont construits en grès ferrugineux des Vosges. C'est avec cette pierre de construction qu'on a bâti la belle cathédrale de Strasbourg et la partie inférieure du palais de l'Industrie, à Paris.

Les maisons de Saint-Étienne et de Carcassonne sont construites avec du grès de couleur grise.

67. Meules de grès. — Les grès durs servent aussi à faire des meules qu'on emploie beaucoup en quincaillerie pour polir et pour tailler les métaux. Les meules dont font usage les rémouleurs pour repasser les couteaux sont ordinairement en grès siliceux.

C'est encore avec des meules de grès siliceux très dur et que l'on fait tourner rapidement, qu'on taille les agates dont nous avons parlé et qui sont, comme nous le savons, très résistantes.

Les facettes de cristal qui ornent les lustres ou les bobèches des candélabres sont aussi taillées avec des meules de grès.

68. Résumé. — Les *pierres siliceuses* ne peuvent pas se rayer avec un couteau ; elles font feu au briquet.

La plus pure des pierres siliceuses est le *cristal de roche*. Ce sont des cristaux incolores, allongés, groupés par la base : on s'en sert en bijouterie.

Les *agates* sont demi-transparentes, veinées de plusieurs couleurs, en bandes parallèles : on en fait divers objets d'ornement.

Le *silex* se trouve en cailloux irréguliers. Il se reconnaît à ses cassures arrondies et présentant des arêtes tranchantes, à l'odeur qu'on sent lorsqu'on le frappe : on l'emploie pour faire des briquets, pour entretenir les routes et quelquefois pour construire des murailles grossières.

Les *pierres meulières* se trouvent en masses considérables ; on les reconnaît aux cavités irrégulières qu'elles renferment. Elles sont meilleures que les silex pour entretenir les routes. On s'en sert, à Paris et aux environs, pour diverses constructions des chemins de fer, pour faire les fondations des maisons et surtout des édifices publics.

D'une manière générale, les *grès* sont formés de grains

de sable réunis par une matière qui les cimente. Les *grès siliceux* sont composés de grains de sable cimentés par une matière siliceuse. Les *grès calcaires* sont composés de grains de sable réunis par une matière calcaire. On emploie les premiers pour faire des pavés et des meules, les seconds comme pierres de construction.

CHAPITRE VII.

69. Composition du granit. — Voici un morceau d'une roche (fig. 38) qui diffère encore de toutes les pierres que nous avons déjà vues. On en trouve abondamment

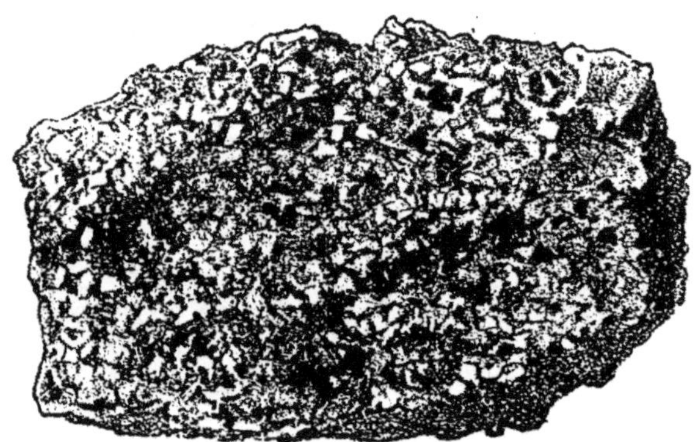

Fig. 38. Morceau de granit.

en Bretagne, en Auvergne, dans les Pyrénées et dans les Alpes.

Regardons-le avec attention, à l'aide d'une loupe. Nous verrons qu'il est composé de plusieurs parties qui ont chacune une couleur et un éclat différents: toutes ces parties sont des cristaux. Il y en a de trois sortes :

1° Les petits cristaux brillants, blancs ou noirs, qui se séparent en fines lamelles avec le canif, c'est le *mica*;

2° D'autres cristaux incolores et durs, qui ne se rayent

4.

pas avec une lame d'acier, ayant un éclat qui ressemble
un peu à celui du verre fondu ; c'est le *cristal de roche*,
que nous connaissons déjà en plus gros cristaux ;

3° Enfin des cristaux, généralement d'un rose ou d'un
blanc mat, qui réunissent le mica et le cristal de roche ;
c'est ce qu'on appelle du *feldspath*.

Ce sont là les trois parties essentielles de cette roche
qu'on nomme *granit*.

Le caractère principal des pierres granitiques, c'est d'être
uniquement composées de cristaux de diverses sortes ;
surtout de mica, de cristal de roche et de feldspath.

Le granit ne contient pas de calcaire ; il ne fait pas effer
vescence avec les acides.

Nous n'avons pas à revenir sur le cristal de roche (fig. 39)

Fig. 39. Morceau de cristal de roche.

(voyez § 58) On le reconnaît surtout dans le granit, comme
nous venons de le voir, à son aspect incolore et brillant,
ainsi qu'à sa grande dureté. Voyons quels sont les caractères du mica et du feldspath.

70. Mica. — On peut trouver quelquefois le mica
cristallisé en plus gros échantillons que dans le granit ordinaire. Ce sont alors des lames plates, telles que celles
qui sont ici figurées (fig. 40).

Prenons une de ces lames, essayons de l'entamer avec

un canif : nous verrons qu'on ne peut pas la fendre facilement dans la direction qu'on veut. Mais il y a un sens suivant lequel les lamelles brillantes de mica se détachent

Fig. 40. Lames de mica.

presque d'elles-mêmes, avec la plus grande facilité ; on
peut refendre plusieurs fois ces lamelles détachées, toujours dans la même direction, de manière à obtenir des lames
aussi minces que l'on veut.

71. Feldspath. — On trouve aussi quelquefois de
gros cristaux de feldspath, tels que celui qui est ici figuré
(fig. 41).

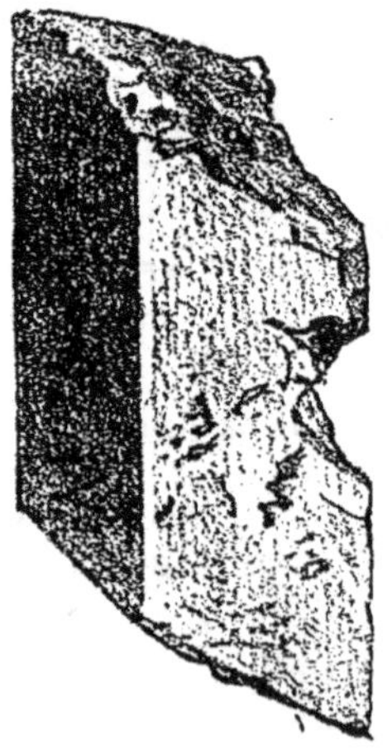

Fig. 41. Morceau de feldspath.

Nous pourrons les reconnaître surtout aux caractères
suivants :

Le feldspath des granits est ordinairement terne ; il n'est pas transparent comme le cristal de roche. En le brisant, on obtient des cassures à faces plates, brillantes lorsqu'on les fait miroiter.

Il n'est pas rayé par un canif, mais il est moins dur que le cristal de roche. En effet, essayons de rayer un morceau de ce dernier avec ce morceau de feldspath : c'est impossible ; il n'y aura aucune rayure. Essayons, au contraire, de rayer le morceau de feldspath avec le cristal de roche : il sera rayé facilement.

Ainsi le feldspath est rayé par le cristal de roche et il ne peut l'entamer.

Il est moins dur que le cristal de roche et plus dur que l'acier.

Nous avons vu quel usage on fait du feldspath pour vernir la porcelaine (§ 49).

72. Usages des granits. — Nous avons dit que, dans les pays où l'on ne trouve que du grès, on s'en sert comme pierre de construction. Il en est de même des granits. Limoges, Cherbourg, Saint-Brieuc ont leurs maisons construites en granit, parce que, près de ces villes, le sol est formé par cette roche ; on n'y trouve pas d'autre pierre à bâtir.

Le granit est beaucoup plus dur que le grès et très difficile à tailler. On préfère, pour la construction, les variétés les moins dures ; mais elles s'altèrent souvent sous l'influence de l'air ou de l'humidité. On choisit au contraire, les variétés de granit les plus dures, lorsqu'on veut faire des objets d'art ou de décoration.

Sa surface peut devenir éclatante et d'une grande richesse de couleurs, lorsqu'elle est polie.

C'est avec du granit que sont faites les dalles des trottoirs de Paris.

Ces variétés dures sont complètement inaltérables. C'est ainsi que se sont conservés les gigantesques monuments de granit, où l'on peut lire encore aujourd'hui l'histoire de l'ancienne Egypte. L'obélisque de la place de la Concorde, à Paris, est un échantillon de ces monuments taillés d'une seule pièce dans la roche granitique.

73. **Porphyres.** — Le porphyre est une sorte de roche très analogue au granit. En voici un morceau (fig. 42) : il est formé des mêmes éléments : cristal de roche, feldspath, mica ; mais ils sont comme plongés au milieu d'une pâte dure qui les réunit les uns aux autres.

D'une manière générale : un porphyre est une roche formée de cristaux empâtés dans une matière qui les réunit.

Fig. 42. Morceau de porphyre.

Dans certains porphyres, on trouve à l'intérieur de la roche de petites masses arrondies en agate (§ **59**).

On se sert des porphyres, comme des granits, pour orner et décorer les édifices ou pour construire des colonnes. Les Romains ont laissé partout la trace de leur passage, par des monuments en très beau porphyre rouge. Les Grecs ont orné beaucoup de leurs édifices avec un porphyre vert, qui pouvait recevoir un très beau poli.

On se sert aussi de certains porphyres pour faire des pavés. Dans beaucoup de rues de Paris, on a remplacé les pavés de grès par des pavés de porphyre.

Une variété de porphyre bleuâtre, dur, qu'on trouve en Belgique, est très employé pour empierrer les routes : c'est surtout avec ce porphyre qu'on fait le macadam des quais ou des boulevards de Paris.

74. Schistes. — Ardoises. — Les *schistes* sont des roches qui peuvent facilement se diviser en feuillets.

Les schistes cristallins sont composés de petits cristaux analogues à ceux du granit.

L'ardoise est une sorte de schiste argileux qu'on emploie pour couvrir les toits.

On trouve aussi des schistes argileux qui sont pénétrés de matières bitumineuses. On en retire par distillation le pétrole ou *huile de schiste*, qui sert à l'éclairage.

75. Sables. — Nous avons déjà parlé du sable siliceux (§ 63); nous savons qu'il est composé de très petits grains cristallins, plus ou moins usés et brisés, de la même matière que le cristal de roche.

Les sables se forment lorsque certaines roches s'altèrent en présence de l'eau ou de l'air. Ainsi, lorsqu'il pleut très fortement sur les rochers de grès à Fontainebleau, l'eau arrache et entraîne les petits fragments siliceux qui s'y trouvent, et le grès redevient du sable.

Le granit peut aussi s'altérer de cette façon. Lorsqu'il est attaqué par l'action de l'eau ou de l'air, il reste les parties les plus dures et les plus résistantes, c'est-à-dire les petits cristaux de cristal de roche mêlés de paillettes de mica. C'est surtout sous l'action de la mer que les sables sont formés.

Les différentes pierres qui renferment de petits cristaux de cristal de roche ou des grains siliceux, peuvent donc former des sables siliceux, lorsqu'elles s'altèrent.

76. Usages des sables. — Nous avons vu que le sable grossier ou gravier mêlé à la chaux servait à faire le mortier, c'est là son principal usage.

On se sert aussi du sable pour sabler les allées, pour nettoyer les ustensiles de cuivre, etc.

C'est avec le sable siliceux qu'on fabrique le verre.

77. Cailloux roulés. —Sur le bord d'un torrent ou d'une rivière dont le cours est assez rapide, on rencontre souvent des cailloux arrondis qui ont été roulés et polis par les eaux (fig. 43). Prenons ces cailloux, cherchons à quelle sorte de pierre ils appartiennent.

Ce ne sera ni du calcaire friable ni de la pierre à plâtre, car ces roches sont peu à peu détruites et se dissolvent dans l'eau ; ces cailloux seront toujours formés par des pierres très dures et très résistantes, des pierres siliceuses, granitiques ou porphyriques, plus rarement des pierres en calcaire compact.

Leur composition dépendra de la nature du sol qui forme la vallée du torrent ou de la rivière. En Bretagne, dans une

Fig. 43. Cailloux roulés.

vallée granitique, ce sont des *cailloux roulés* en granit ; dans un pays de craie, ce sont des cailloux en silex, etc.

Sur les falaises, au bord de la mer, les mouvements des vagues jettent violemment la masse de l'eau contre les rochers ; là encore, les pierres les plus dures résistent ; elles sont ainsi roulées et arrondies par le mouvement des eaux : on les appelle des *galets*.

78. Résumé. — Le *granit* est une roche composée de plusieurs sortes de cristaux mélangés : le cristal de roche, le mica et le feldspath.

On reconnaît le *mica* à ce qu'il se détache en petites paillettes, sous le canif. Le *feldspath* est ordinairement formé de cristaux ternes, ni luisants ni transparents, blancs ou roses.

On se sert du granit pour faire des dalles de trottoirs, pour orner ou décorer les monuments: dans quelques pays, il sert de pierre de construction.

Le *porphyre* contient les mêmes cristaux que le granit, mais ils sont comme semés au milieu d'une pâte.

On se sert des porphyres pour le pavage des rues, pour ferrer les routes; on les polit pour faire divers objets d'ornement ou pour décorer les constructions.

Le *schiste* est une roche renfermant souvent aussi des cristaux, mais qui dans beaucoup de cas ne se distinguent pas à l'œil nu. On le reconnaît à ce qu'il se sépare facilement en lames. L'ardoise est une sorte de schiste argileux dont on se sert pour recouvrir les toits. Le pétrole s'extrait de certains schistes bitumineux.

Le *sable* se compose d'une masse de petits grains siliceux, en cristaux plus ou moins unis : c'est le produit de la décomposition des grès et des granits par l'eau et l'air.

Les *cailloux roulés* sont formés des pierres les plus dures (silex, granit, porphyre, calcaire très compact) qui ont résisté à l'action de la mer, des torrents ou des fleuves.

II

TERRE VÉGÉTALE

CHAPITRE VIII.

DE QUOI SE COMPOSE LA TERRE VÉGÉTALE.

79. Terre végétale. — Comment elle se forme. —
Nous savons maintenant reconnaître les différentes pierres
qui constituent le sol. Mais la surface des roches est, presque
partout, cachée par de la terre. Étudions maintenant cette
terre; examinons comment elle se forme, comment on peut
s'en servir pour la culture.

Nous avons déjà dit qu'on trouvait à la surface du sol,
autour des racines des plantes, ce qu'on appelle la *terre
végétale*. Nous y avons remarqué des fragments de roche
et des débris de plantes. Ces débris de plantes forment ce
qu'on appelle le *terreau* (1).

---

(1) Ou encore l'*humus*.

Supposons qu'on construise un mur en pierres, pour entourer un jardin par exemple.

Au moment où il vient d'être bâti, la surface supérieure des pierres est très nette.

Au bout d'un an, regardons de nouveau le dessus du mur; nous y trouverons des taches ou de fines pellicules formées par de petits végétaux : ce sont des lichens. Ces plantes ne vivent presque uniquement que d'air et d'eau; mais les débris des lichens qui sont morts, se mélangeant aux fines parties de la pierre que la pluie et l'air ont désagrégées, forment déjà une très mince couche de terre végétale.

Quelque temps après, les mousses pourront se développer dans cette petite couche de terre; leurs débris viendront l'augmenter et l'épaissir. Alors quelques plantes d'une organisation plus élevée pourront déjà croître sur cette terre peu profonde : on verra apparaître les jolies rosettes de feuilles des saxifrages et des géraniums.

Ces plantes insèrent leurs racines dans les fissures de la pierre; la pierre elle-même, attaquée par les racines, se fragmente plus facilement. Les fragments nouvellement formés se divisent encore, s'altèrent et se décomposent en partie sous l'action de l'air et de la pluie; ils se mêlent aux débris des lichens, des mousses, des saxifrages, des géraniums, etc. Une vraie couche de terre végétale s'est formée sur le mur, et, quelques années après, de plus nombreuses plantes pourront y pousser : on y verra fleurir des giroflées de muraille, des linaires, des plantes grasses, etc. Ces nouvelles venues, ajoutant encore leurs débris aux autres, désorganisent les pierres par leurs racines, une végétation variée peut alors croître et se développer sur la muraille, La terre végétale est formée. Elle se compose d'un mélange du terreau produit par les débris de plantes avec les petit fragments des pierres de la muraille.

80. Comment se produit la terre végétale sur le plateau d'une colline. — Allons sur le plateau d'une colline : la terre ne pourra pas y être apportée par les ruisseaux ou par les rivières; elle s'y sera formée comme sur le sommet du mur. La roche se trouvant immédiatement au-dessous du sol, dont les petits fragments plus ou moins altérés se mêlent aux débris des végétaux, donnera naissance à la terre végétale.

S'il se trouve qu'une carrière entame le sol de cette colline, regardons comment y est faite la tranchée du terrain. Nous remarquerons qu'elle est formée, ainsi que le représente la figure 44, par exemple :

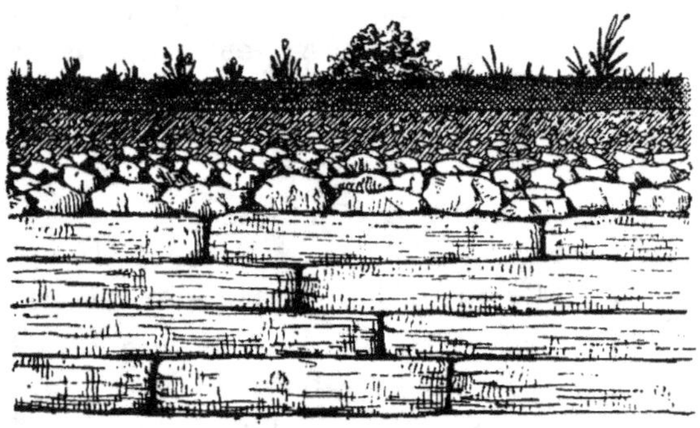

Fig. 44. Coupe de terrain, en haut d'une carrière, montrant la terre végétale; au-dessous la roche en morceaux, et plus bas la roche sans altération.

On voit la terre végétale proprement dite, à la partie supérieure; elle est riche en terreau : c'est de là que s'élèvent les tiges des plantes. Au-dessous se trouve une couche de terre végétale plus grossière où des fragments un peu plus gros de la roche sont encore mélangés à des débris de plantes. Au-dessous encore, l'on ne voit plus que des morceaux de roche beaucoup plus grands, sans aucun terreau. Enfin, plus bas que toutes ces couches de terre et de pierres en fragments, on aperçoit les bancs de la roche sans altération.

Dans ces conditions, sur le plateau d'une colline, la terre végétale se fait sur place. L'action de l'air et de la pluie, comme nous le verrons plus loin, transforme peu à peu la surface du sol; en même temps, les feuilles des arbres à l'automne, et toutes les parties des végétaux qui meurent, se mêlent à la roche déjà altérée.

C'est ainsi que, lorsqu'aucun courant ne vient apporter de nouvelle terre à la surface du sol, la terre végétale peut se former avec les débris des roches qui sont juste au-dessous d'elle. Aussi il y aura toujours un rapport entre la composition de cette terre végétale produite sur place et la composition du sol inférieur. Sur une colline calcaire, la terre végétale sera calcaire. Sur une colline de sable, elle sera sableuse, etc.

La terre des plateaux est un peu grossière: elle convient aux bois ou aux cultures communes.

81. Terre végétale au fond des vallées. — Allons maintenant au fond d'une vallée traversée par une rivière assez importante: le plus souvent, la terre végétale n'aura aucun rapport avec le sol situé immédiatement au-dessous d'elle. Supposons, par exemple, que nous allions dans la vallée de la Seine, tout près du fleuve, au moment où la vallée traverse un sol formé de craie blanche, entre Troyes et Nogent-sur-Seine. Prenons au fond de la vallée un peu de terre végétale: nous en trouverons de très argileuse, capable de faire pâte avec l'eau; nous en trouverons aussi de très sableuse. Cependant, dans les carrières, dans les puits, dans les tranchées des routes, partout où l'on peut voir le sous-sol, on ne rencontre ni argile ni sable, rien que du calcaire blanc.

C'est donc que le fleuve a amené là cette terre; elle a été transportée par le courant au moment des grandes crues, puis déposée au fond de la vallée. Les plantes ont poussé sur ce sol fertile; elles y ont mêlé leurs débris et l'ont peu à peu transformé en terre végétale.

Ainsi, au fond des vallées, la terre végétale n'a pas été

formée sur place, par l'air, la pluie et les plantes, aux dépens des roches situées au-dessous ; elle a été transportée par le fleuve, puis déposée par lui : c'est ce qu'on nomme une *terre de transport*.

En général, dans une vallée dont la rivière n'est pas torrentueuse, cette terre végétale se compose de petites particules fines et légères. Elle est souvent excellente pour les prairies ou la culture des céréales.

82. Terre végétale sur les pentes. — Sur les pentes rapides, l'eau des pluies entraîne continuellement la terre qui est à la surface du sol ; aussi la terre y est le plus souvent moins épaisse.

Dans beaucoup de pays, ces endroits caillouteux sans terre végétale épaisse, sur les flancs des coteaux, sont occupés par de la vigne, lorsqu'ils sont bien exposés.

On trouve en général, sur les pentes, un mélange de terre végétale formée sur place, et de terre de transport apportée par les pluies ou par les ruisseaux des terrains situés plus haut. Sur les pentes peu inclinées, elle est ordinairement plus épaisse que sur les pentes rapides.

La terre peut devenir épaisse, même sur les pentes très inclinées, si l'on réussit à y faire pousser des arbres. Leurs racines retiennent la terre végétale formée, et empêchent la pente d'être dénudée par l'action de l'eau. C'est pourquoi l'on s'occupe, en France, dans beaucoup de pays où les montagnes abruptes sont sans terreau, d'y faire pousser des forêts, pour reformer la terre végétale.

83. Comment on peut reconnaître de quoi se compose la terre végétale. — Voyons maintenant de quoi se compose la terre végétale. Examinons comment on peut reconnaître les diverses parties qui la forment.

Les débris de végétaux (fragments de racines, de tiges ou de feuilles mortes) qui s'y trouvent peuvent souvent se voir à l'œil nu ; on peut ainsi reconnaître tout de suite la présence du *terreau*.

Prenons maintenant de la terre végétale dans un champ; mettons-la dans un verre contenant de l'eau; agitons le verre doucement : l'eau restera trouble, tandis qu'il se formera un dépôt au fond du verre. Versons l'eau trouble dans un second verre et laissons-la se déposer lentement.

Examinons avec soin le dépôt formé au fond du premier verre : nous y reconnaîtrons de petits grains durs, c'est du *sable*.

Reprenons ensuite le second verre où l'eau a formé un autre dépôt qui est beaucoup plus fin que le premier (D, fig. 45) et qui n'est pas composé de grains de sable. Enle-

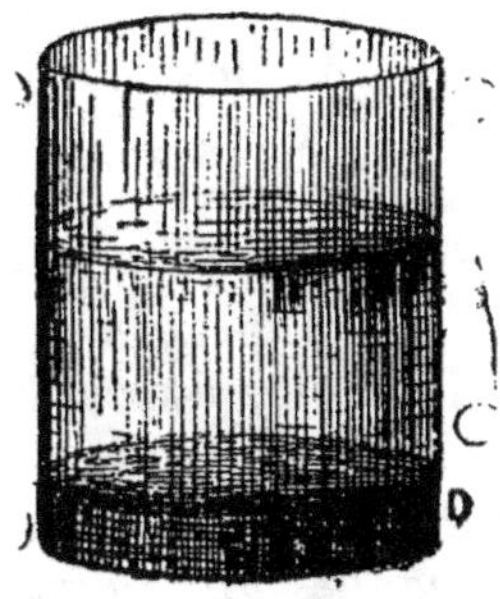

Fig. 45. Dépôt formé au fond du second verre.

vons l'eau devenue presque limpide et versons de l'acide sur ce dépôt fin, il y aura effervescence. C'est donc qu'il contient du *calcaire*.

Continuons encore à faire agir l'acide. Ajoutons-en jusqu'à ce qu'aucune effervescence ne se produise plus. Puisqu'il ne se produit plus aucune effervescence avec l'acide, c'est qu'il n'y a plus de calcaire. Et cependant, il reste encore quelque chose.

Enlevons le liquide acide, et laissons sécher le dépôt; une fois desséché, si on le coupe et qu'on mette l'entaille contre la langue, elle s'y collera fortement. Humecté de nouveau avec de l'eau, on pourra le pétrir entre les doigts· ce sont les caractères de *l'argile.*

C'est ainsi que nous aurons pu reconnaître successivement les diverses parties de la terre végétale : le terreau, le sable, le calcaire, l'argile.

84. Qualités que doit avoir une bonne terre végétale. — Pour être très bonne comme terre de culture, une terre végétale doit remplir plusieurs conditions. Elle doit être meuble, c'est-à-dire qu'elle doit pouvoir se diviser facilement en petites parcelles ; les racines peuvent alors y pénétrer et s'y développer sans être gênées ; l'eau peut s'écouler et ne pas les faire pourrir. La terre doit aussi laisser passer l'air qui est nécessaire à la respiration des racines ; pour cela il faut que les grains qui la composent, tout en étant petits, ne soient pas trop serrés les uns contre les autres.

Les diverses qualités d'une terre végétale dépendent de la proportion d'argile, de sable, de calcaire ou de terreau qu'elle renferme. On a reconnu que la terre végétale la meilleure pour l'agriculture devait contenir à peu près *la moitié de son poids de sable, un quart d'argile et le dernier quart de calcaire et de terreau.*

85. Diverses sortes de terres végétales. — Mais, en général, la terre telle qu'on la trouve, ne présente pas naturellement cette composition ; elle est trop argileuse ou trop sableuse, par exemple.

Si on veut la changer pour lui donner de meilleures qualités, il faut d'abord déterminer quelle est sa composition. On peut le faire par un procédé analogue à celui que nous venons d'employer pour reconnaître les diverses parties qui composent la terre végétale ; seulement, il faut peser chacune des substances qu'on a séparées.

On peut ainsi distinguer diverses sortes de terres végétales.

86. Terres argileuses et terres fortes. — Si la terre ne fait presque pas effervescence avec les acides et peut se pétrir dans la main en durcissant à l'air, c'est une *terre argileuse* ; si elle contient de l'argile et du sable, c'est une *terre forte*.

Le plus grand défaut des terres argileuses et des terres fortes, c'est d'être compactes et de ne pas se laisser pénétrer par l'air.

87. Terres sablonneuses. — Si la terre ne peut pas se pétrir dans l'eau et ne fait pas effervescence avec les acides c'est une *terre sablonneuse* ; elle contient surtout du sable. Les terres sablonneuses sont trop légères, manquent de ténacité et se dessèchent trop vite.

88. Terres calcaires. — Les *terres calcaires* font une très vive effervescense avec les acides. Elles sont ordinairement blanches; elles salissent les doigts. On peut, en les mouillant, en faire une pâte épaisse, mais qui n'a pas la même consistance que celle de l'argile.

Les terres tout à fait calcaires sont en général peu fertiles: elles retiennent mal l'humidité et ne se laissent pas facilement pénétrer par l'eau.

89. Terres marécageuses. — Si l'on examine la terre

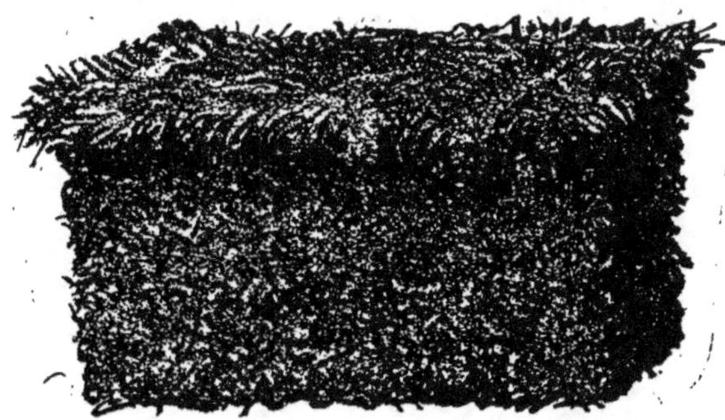

Fig. 46. Terre végétale des marais tourbeux.

des marais et des tourbières, on voit qu'elle est presque

uniquement formée par des débris de végétaux (fig. 46); il y a très peu de petits fragments de roche. Ces terres sont le plus souvent remplies d'eau stagnante, elles sont mal aérées. En général, on ne peut pas les cultiver. On a cependant essayé en quelques pays d'y semer du riz

89 *bis*. **Résumé**.— La *terre végétale* est formée de petits fragments de roches mêlés à des débris de végétaux (*terreau*). Elle peut se former sur place, comme sur les plateaux et au sommet des collines; elle peut avoir été apportée par les eaux, comme dans les vallées.

Une terre végétale bonne pour la culture doit renfermer à peu près la moitié de son poids de sable, un quart d'argile et le dernier quart de calcaire et de terreau.

Les diverses terres végétales naturelles n'ont ordinairement pas cette composition. Il y a des *terres argileuses*, les terres contenant surtout de l'argile et du sable (*terres fortes*), des *terres sablonneuses*, contenant trop de sable, des *terres calcaires*, contenant trop de calcaire, et des terres *marécageuses,* contenant trop de terreau.

CHAPITRE IX

COMMENT ON PEUT RENDRE LA TERRE MEILLEURE POUR LA CULTURE.

90. Défauts des terres végétales naturelles. Amélioration de la terre végétale. — Nous venons de voir qu'un grand nombre de terres végétales ne sont pas dans les meilleures conditions pour la culture. Elles ne présentent pas les qualités que doit avoir une bonne terre végétale. (Voyez § 84.)

Les terres trop argileuses et les terres trop calcaires ne se laissent pas pénétrer par l'air.

Les terres trop sablonneuses n'ont pas ce défaut; mais elles sont trop légères et se dessèchent trop vite.

Lorsqu'on cultive l'une de ces terres, on cherche à lui enlever ses défauts, à lui donner les qualités qu'elle n'a pas pour la rendre plus productive : on améliore le sol.

On peut rendre la terre végétale meilleure pour la culture par différents procédés. Avant tout, on peut chercher à ramener sa composition à celle des meilleures terres naturelles.

91. Amendements. — Nous avons déjà vu qu'on change la composition de certaines terres végétales, en y ajoutant de la chaux ou diverses marnes

A une terre trop argileuse, on ajoutera du calcaire; à

une terre trop sableuse, de l'argile, etc. Corriger ainsi la composition du sol, c'est ce qu'on appelle l'*amender*. Les terres que l'on ajoute à la terre naturelle se nomment des *amendements*.

Ainsi, étant donnée une terre végétale quelconque, le meilleur amendement est celui qui formera avec elle une terre artificielle renfermant, comme la meilleure terre naturelle : la moitié de sable, le quart d'argile et le dernier quart de calcaire et de débris organiques.

Nous avons déjà parlé des principaux amendements (§§ 28, 53).

Voyons comment on les applique.

92. Amélioration des terres qui manquent de calcaire. — Les terres argileuses, les terres sableuses, les terres fortes qui sont à la fois argileuses et sableuses, manquent de l'élément calcaire. On peut simplement ajouter de la craie ou des marnes calcaires à ces terres, pour leur donner de meilleures qualités : c'est ce que les cultivateurs appellent le *marnage*.

Pour faire cette opération dans un champ, on dépose la marne en petits tas placés à des distances égales et on la laisse une année à l'action de l'air, avant de la mêler au sol : elle se divise ainsi en petites parcelles et peut mieux se mélanger. Ensuite, on la répand d'une manière uniforme sur le sol, et on la mêle avec la terre qui est à la surface ; puis on passe la herse sur le champ, par un temps très sec, pour que le mélange se fasse bien ; enfin on laboure plusieurs fois de suite.

Pour donner du calcaire aux terres qui en manquent, nous avons parlé aussi d'un autre procédé : c'est l'introduction de la chaux vive dans ces terres. Les agriculteurs appellent ce procédé le *chaulage*.

Le chaulage produit de bien meilleurs effets que l'amendement par marnage. Son principal avantage, c'est que la chaux, au contact de l'humidité de la terre, se divise, comme nous l'avons vu, en une poudre friable formée de particules très fines. Aussi peut-elle se mélanger au sol bien plus facilement que la marne calcaire.

Nous avons dit comment on opère le chaulage (voyez § 28).

98. Amélioration des terres qui manquent d'argile. — Les terres trop légères, comme les terres sablonneuses, les terres calcaires, manquent de l'argile nécessaire.

Nous avons dit qu'on pouvait leur en ajouter en y mêlant des marnes argileuses; mais cette opération est pénible et souvent impraticable, parce que l'argile, ne pouvant se réduire en poudre, se mêle à la terre avec une très grande difficulté.

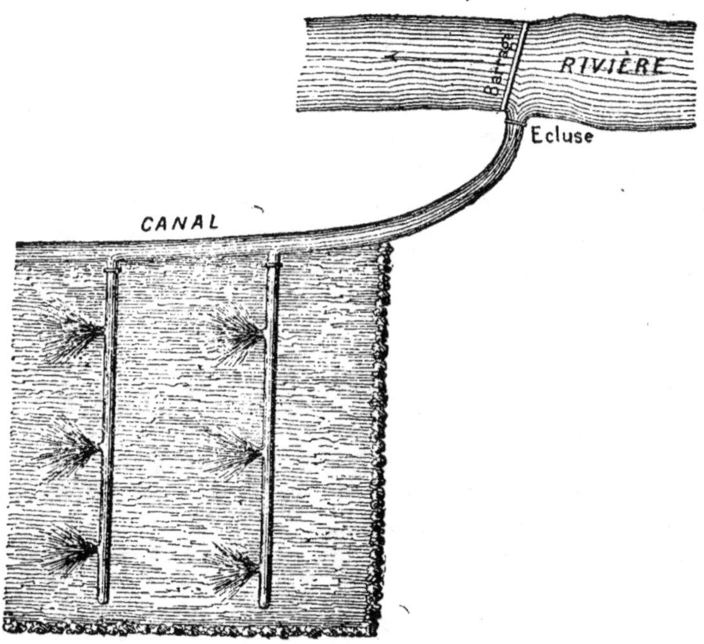

Fig. 47. Dérivation d'une rivière pour répandre dans un champ les eaux limoneuses.

Si le champ où l'on veut introduire de l'argile est près d'un cours d'eau, on peut employer une autre méthode ·

Au moment d'une forte pluie, on remarque que l'eau est trouble. Prenons de cette eau trouble dans un verre ; laissons-la se reposer : il se déposera au fond du verre ce qu'on appelle du *limon*. C'est ce qui troublait l'eau. Recueillons ce dépôt, examinons-le : nous reconnaîtrons les caractères de l'argile.

Les inondations qui se produisent dans les grandes crues d'un fleuve amènent de l'eau trouble dans les plaines voisines : elles y déposent du limon qui rend souvent les terres plus fertiles, comme celles de la vallée du Nil, en Égypte.

Le second procédé pour introduire de l'argile dans une terre trop légère, consiste à imiter les inondations naturelles.

Comme le représente la figure 47, on fait un barrage sur le cours d'eau et l'on peut inonder le champ par un système de canaux. Une écluse à l'entrée du canal principal peut le fermer ou l'ouvrir. Au moment d'une forte pluie, quand l'eau du cours d'eau devient trouble, c'est-à-dire quand elle est chargée d'argile, on ouvre l'écluse, on inonde le champ. Le limon appporté par les eaux du cours d'eau se dépose à la surface de la terre ; et comme ce dépôt est très fin, on peut facilement le mêler à la terre végétale pour l'améliorer.

94. Amélioration d'un sol trop sec. Irrigation. — Considérons une plante qu'on cultive dans un pot à fleurs. On sait que si on ne l'arrose pas, la plante périra : il lui faut de l'eau. La terre du pot à fleurs peut donc être *trop sèche*, si on ne l'arrose pas assez.

Il y a un petit trou au fond de ce pot à fleurs. A quoi sert-il ?

Supposons qu'on le bouche : lorsqu'on arrosera la terre du pot à fleurs, l'eau ne pourra pas s'écouler ; elle ne se renouvellera pas, les racines de la plante pourriront, la plante mourra. La terre du pot à fleurs peut donc être *trop humide* ; il faut que l'eau se renouvelle, elle ne doit pas séjourner. C'est pour cela que les pots à fleurs sont percés d'un trou au fond.

Supposons que, par des amendements bien choisis, nous ayons donné à la terre végétale d'un champ la meilleure composition possible; cela suffira-t-il? Le sol sera aéré, il se laissera pénétrer par l'eau; mais il faut encore qu'il y ait de l'eau en proportion convenable. S'il y en a trop peu, le sol trop sec doit être arrosé; alors nous y introduirons de l'eau prise dans un cours d'eau voisin, par des canaux *d'irrigation* qui iront se répartir dans le champ.

95. Amélioration d'un sol trop humide. Drainage. — Si le sol de notre champ est comme un pot à fleurs dont on aurait bouché le trou, c'est-à-dire si l'eau ne peut s'en écouler, les racines des plantes qu'on y cultive pourriront; celles des plantes de marais pourront seules résister : le sol est trop humide.

C'est ce qui arrivera si la roche qui est au-dessous de la terre végétale est imperméable à l'eau, ou si la terre végétale elle-même, trop argileuse, ne laisse pas l'eau s'écouler dans le sol.

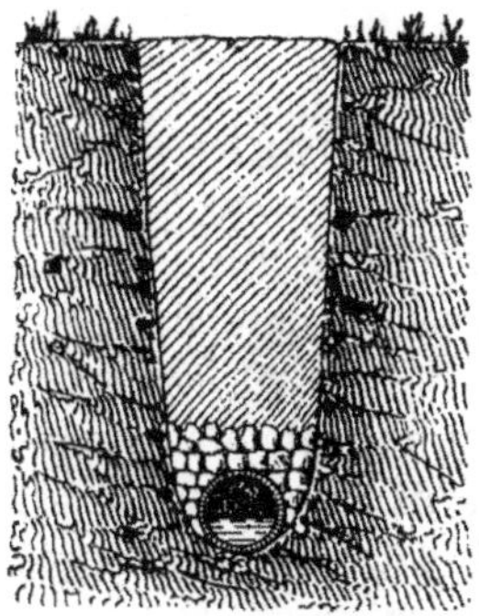

Fig. 48. Tuyau de drainage placé au fond d'un fossé qu'on a ensuite rempli de terre.

On s'en aperçoit, parce qu'après la pluie l'eau reste en flaques dans les sillons des champs. Enfonçons un bâton dans la terre : à quarante ou soixante centimètres de profondeur, on apercevra l'eau stagnante qui ne peut pas s'écouler.

S'il en est ainsi, il faut dessécher notre champ ; il faut le *drainer* (1), comme disent les agriculteurs.

Pour faire le drainage d'un champ, on y creuse des fossés au-dessous de la surface de l'eau stagnante (fig. 48) ; on place au fond de ces fossés des tuyaux en poterie qui s'ajustent bout à bout, comme le montre la figure 49. Les colliers qui réunissent deux tuyaux sont un peu trop grands:

Fig. 49. Collier joignant des tuyaux de drainage.

c'est par l'espace qui reste entre eux et les tuyaux que l'eau extérieure pénètre dans ceux-ci pour s'y écouler. Ensuite on remplit les fossés avec de la terre. Tous les tuyaux communiquent entre eux, et vont déboucher dans la partie la plus basse du champ, pour rejeter l'eau au dehors.

Si notre champ est bien drainé, nous verrons les plantes de marais disparaître ; l'eau trop abondante ayant un écoulement régulier, le champ sera dans les meilleures conditions pour la culture.

96. Substances qui augmentent la récolte. Engrais minéraux. — Nous venons de voir comment nous pouvons donner à la terre d'un champ, par des amendements bien choisis, la meilleure composition ; nous venons de voir comment, par l'irrigation (si elle est trop sèche), par le drainage (si elle est trop humide), nous pouvons lui donner la quantité d'eau voulue.

Il est encore possible d'augmenter la récolte en ajoutant à cette terre, bien composée et bien arrosée, certaines substances minérales particulières.

Ces substances ne sont pas les mêmes pour toutes les

_____

(1) Les mots drainer, drainage, viennent du mot anglais *to drain* qui veut dire dessécher. Ce sont les Anglais qui ont les premiers appliqué en grand dans l'agriculture les méthodes de drainage.

plantes que l'on cultive. Ainsi nous avons vu que, si on ajoute du plâtre à la terre végétale (§ **37**), on peut augmenter la récolte de la luzerne et de certaines plantes fourragères. Le plâtre mis dans la terre d'un champ de blé ne produirait pas les mêmes résultats : il convient presque uniquement aux cultures de luzerne, de trèfle et de sainfoin.

Citons encore quelques engrais minéraux :

97. Cendres des plantes. — Quand on brûle des végétaux, du bois, par exemple, il reste une partie minérale qui n'a pas été brûlée : ce sont les *cendres*. Les cultivateurs de tous les peuples ont reconnu depuis longtemps les bons effets des cendres des végétaux sur la récolte des champs. Ces cendres redonnent à la terre végétale une partie des matières nutritives que les plantes lui avaient enlevées.

Dans les pays où le bois n'est pas rare, en Suède, en Amérique, on brûle souvent le bois sur les champs. En Alsace, on considère les cendres de bois comme le meilleur engrais pour les prairies; en Dauphiné, on brûle les mauvaises herbes des champs en mêlant leurs cendres à la terre.

Si le champ est voisin du bord de la mer, on brûle les varechs, plantes marines rejetées sur les côtes, et c'est avec des cendres de varech qu'on engraisse les cultures.

Si le champ est dans un pays où se trouvent des tourbières, on y répand des cendres de tourbe.

Les Indiens et les peuples de l'Afrique centrale brûlent aussi des herbes pour en répandre les cendres sur leurs cultures.

98. Phosphate. — Voici une substance qui est employée maintenant, presque partout, comme un excellent engrais (1). Elle se présente sous les formes les plus diverses, et l'on ne peut la reconnaître que par des procédés chimiques.

---

(1) Examiner un échantillon de phosphate.

C'est ce qu'on appelle du *phosphate* (1). Cette substance peut se trouver à l'état cristallisé ou en masses pierreuses dans les terrains ; elle entre dans la composition des animaux : les os, en particulier, en contiennent beaucoup. Les oiseaux marins en déposent des quantités énormes sur les côtes, parmi les matières qu'ils n'ont pu digérer.

Maintenant qu'on a reconnu à quel point les récoltes sont augmentées par l'emploi du phosphate, partout où se trouve cette substance, on l'exploite pour le transporter dans les contrées qui n'en ont pas.

Dans les Ardennes, à Bellegarde dans le département de l'Ain, en Languedoc, etc., on extrait le phosphate du sol et on le pulvérise dans des moulins, pour en faire des engrais. Plusieurs des petites lignes de chemins de fer du nord de la France ont été construites surtout pour le transport du phosphate.

Dans certaines îles du Pérou, on exploite aussi les matières riches en phosphate déposées par les oiseaux et qui forment des collines entières : c'est ce qu'on appelle le *guano*. Cette substance est une des plus grandes richesses du Pérou, autrement productive que ses mines d'or. On exporte le guano sur des navires dans tous les pays ; beaucoup de paysans, dans toutes les contrées civilisées, s'en servent avec succès pour fertiliser leurs terrains.

99. Résumé. — On peut chercher à donner à une de ces terres naturelles une meilleure composition en y ajoutant certaines matières pulvérisées qu'on nomme *amendements*.

Si la terre végétale manque de calcaire, on y ajoute des marnes calcaires (*marnage*), ou de la chaux qui se transforme en calcaire en se mêlant à la terre (*chaulage*).

Si la terre végétale manque d'argile, on y ajoute des marnes argileuses, ou mieux l'on y déverse, au moment des pluies, des eaux troubles chargées d'argile qui y déposent leur limon.

---

(1) Ou, plus exactement, *phosphate de chaux*.

La terre, ainsi ramenée à une bonne composition, peut être trop sèche ; **on** l'arrose alors par des canaux d'irrigation : elle peut être trop humide et retenir l'eau qui ne peut s'écouler : on la dessèche alors par des tuyaux de *drainage*.

Enfin, on a reconnu qu'en mêlant à une terre bien composée et bien arrosée, certaines substances minérales (*engrais minéraux*), ou certaines substances organiques (*fumier*), on pouvait augmenter la récolte et réparer les pertes de matières nourrissantes faites par le sol.

Parmi les engrais minéraux on peut citer : le *plâtre* (pour les plantes fourragères), les *cendres des plantes* et surtout le *phosphate*.

III

EAU

CHAPITRE X.

CIRCULATION DE L'EAU DANS LA NATURE

100. Nuages, pluie. — Nous savons comment est formé le sol, quelles sont les roches, les pierres qu'il renferme; nous savons comment est composée la terre qui le recouvre.

Mais ce sol ne reste pas toujours le même : un torrent lui arrache des pierres qu'il roule ensuite en cailloux ; le flot des vagues détruit les roches des falaises ; les fleuves déposent sur leurs bords les matériaux qu'ils ont enlevés aux roches dans la partie supérieure de leur cours. Là, c'est une destruction du sol qui se produit ; ailleurs, c'est la formation d'un sol nouveau.

C'est l'eau surtout qui opère tous ces changements. Pour bien les comprendre, étudions donc d'abord le mouvement des eaux dans la nature.

Les *nuages* sont formés par une masse de fines gouttelettes d'eau, comme le brouillard. Lorsqu'on fait l'ascension dans une montagne élevée, il arrive souvent qu'on traverse les nuages : on se sent pénétré d'humidité; on s'aperçoit alors que les nuages se composent de petites gouttes d'eau très fines.

Supposons que nous considérions une colline élevée. comme celle représentée figure 50. Imaginons que des nua-

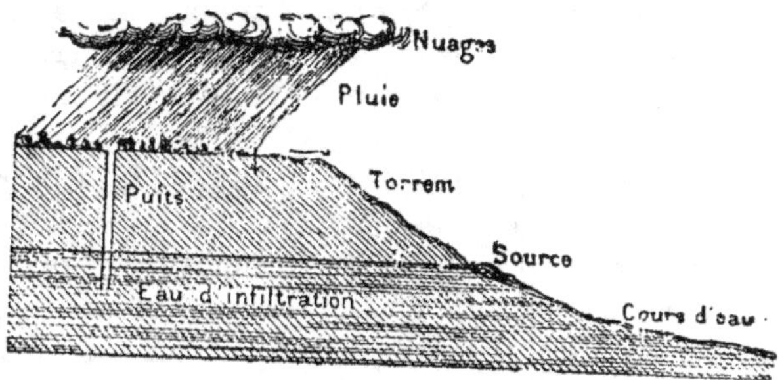

Fig. 50. Coupe d'un coteau.

ges se trouvent au-dessus. Si le vent ne les soutient plus dans leur course, ils vont tomber sur la colline en formant des gouttes d'eau plus grosses : c'est la *pluie*.

101. Torrents. — Supposons donc qu'il pleuve très fort sur le sommet de cette colline; que va devenir cette eau de pluie ?

Nous savons qu'une partie de l'eau de pluie reste à la surface du sol ; les gouttelettes se réunissent, à mesure qu'elles tombent, dans les endroits les plus creux, puis l'eau coule sur les flancs de la colline par les pentes les plus rapides : elle forme de petits ruisselets. les ruisselets se réunissent dans un ravin plus profond : c'est alors un *torrent*.

Ces ruisselets et ces torrents qui descendent du sommet de la colline, n'ont d'eau que lorsqu'il vient de pleuvoir; ce ne sont pas de vrais cours d'eau.

102. Eau d'infiltration. — Mais cette eau qui coule ainsi à la surface de la colline, par les ruisselets, par les torrents, est-ce toute l'eau qui est tombée par la pluie ?

Prenons un peu de terre après qu'il a plu fortement pendant longtemps ; nous nous apercevrons, en la tâtant dans nos mains. qu'elle est humide jusqu'à une assez grande profondeur. Avant la pluie elle était sèche, maintenant elle est mouillée.

Ainsi toute l'eau qui est tombée sur la colline au moment où il a plu, ne s'est pas écoulée par les torrents des ravins ; une autre partie s'est infiltrée dans le sol et l'a mouillé.

Nous l'appellerons *eau d'infiltration*, pour la distinguer de l'eau qui coule à la surface.

Nous pouvons nous demander maintenant ce que devient cette eau qui est entrée dans le sol au moment de la pluie. Reste-t-elle près du sol, dans la terre ? Non, car au bout de quelques jours sans pluie, la terre est de nouveau sèche à une grande profondeur.

La plus grande partie de cette eau d'infiltration continue à descendre peu à peu dans les roches. L'eau, accumulée de tous les côtés, descend ainsi, par l'action de son poids, jusqu'à ce qu'elle ait rencontré une roche imperméable (de l'argile par exemple) ; alors elle se réunit au-dessus de cette roche. Il se forme, de cette façon, une masse d'eau qui existe presque partout à l'intérieur du sol. Comment peut-on le prouver ?

103. Puits. — Il n'y a pour cela qu'à creuser un trou dans le sol, en n'importe quel endroit de la colline ; à une certaine profondeur quelquefois faible, quelquefois considérable (cela dépend de la nature des roches qui forment la colline), on trouvera toujours de l'eau. Un semblable trou percé dans la terre jusqu'à ce que l'eau d'infiltration ait été atteinte, s'appelle *puits* (fig. 51). Sur le plateau de la colline, là où l'eau manque à la surface, les habitants creusent ainsi des puits pour en avoir

Les puits nous donnent donc la preuve de l'existence de l'eau d'infiltration. Cette eau existe presque partout à une profondeur plus ou moins grande.

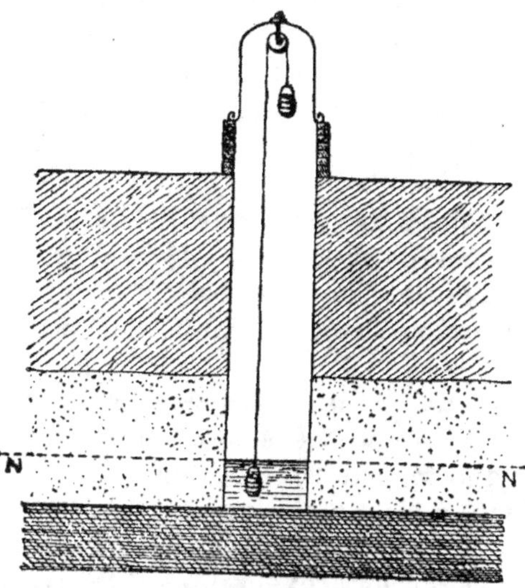

Fig. 51. Puits. — N, N, niveau de l'eau.

104. Sources. — Il résulte de là que toute l'eau qui a imbibé les roches de la colline que nous considérons, va se réunir vers sa base à l'intérieur des terrains. Que va-t-il arriver lorsque cette eau rencontrera, près de la surface du sol, un endroit perméable, ouvert ?

L'eau d'infiltration de la colline s'écoulera alors à la surface : elle formera ce qu'on appelle une *source*.

Autour de la colline, en plusieurs endroits, l'eau des pluies, qui aura imbibé les roches, arrivera de nouveau à la surface du sol par plusieurs sources.

105. Cours d'eau. — Ces sources s'écoulent ordinairement en tout temps, qu'il pleuve ou qu'il ne pleuve pas.

Cela se comprend, puisqu'elles viennent d'une masse d'eau considérable qui est en réserve dans toute la colline.

L'eau de ces sources qui s'écoule forme des *cours d'eau* qui descendent lentement par les pentes à la surface des terrains, dans les endroits les plus profonds des vallées. Ce sont d'abord des ruisseaux ; les ruisseaux se réunissent pour produire des rivières ; les rivières forment un fleuve qui va se jeter dans la mer. Les vrais cours d'eau diffèrent donc des torrents, parce que leur eau provient en partie de sources qui les alimentent même lorsqu'il fait sec.

106. Eau d'infiltration dans les vallées. — En ce cas encore, nous pouvons nous demander (comme pour les torrents), si l'eau qui s'écoule est tout entière à la surface ; si les cours d'eau renferment toute l'eau qui est venue des sources.

Si l'on creuse un puits, non pas sur le sommet d'un coteau, mais dans une vallée à côté d'une rivière, on trouvera l'eau presque tout de suite. Il en sera de même dans toutes les vallées, à droite et à gauche de la rivière.

C'est l'eau d'infiltration de la vallée.

Si, dans un verger, par exemple, se trouve l'un de ces puits qui est voisin du cours d'eau, on remarque que le niveau de l'eau dans un puits dépend de celui de la rivière. Si la rivière devient très forte, si ses eaux s'élèvent, le niveau de l'eau dans le puits s'élève de même. Si la rivière est basse par suite de la sécheresse qui appauvrit les sources, alors le niveau de l'eau s'abaisse dans le puits. Si, après un violent orage, l'eau de la rivière devient trouble, l'eau du puits s'il est très voisin devient trouble aussi.

Ainsi l'*eau d'infiltration de la vallée* est en relation avec l'eau de la surface de la rivière. Elle s'écoule comme celle du cours d'eau, mais bien plus lentement, à travers les roches et les terres. Si elle coule très lentement, elle est, en revanche, en masse beaucoup plus considérable, puisqu'elle occupe tout le fond de la vallée, sur une grande épaisseur, tandis que la rivière ne coule que sur une petite surface et à une profondeur plus grande.

En résumé, dans une vallée, une partie de l'eau s'écoule

rapidement, par le cours d'eau : c'est l'eau de surface ,
une autre partie s'écoule très lentement à travers les roches
par tout le fond de la vallée : c'est l'eau d'infiltration.

107. Puits artésiens. — Lorsque les couches de
terrains sont courbées comme le représente la figure 52, et
lorsqu'une roche perméable à l'eau, comme le sable, se
trouve comprise entre deux couches de roches imperméables, comme l'argile, la couche d'eau d'infiltration est alors
courbée comme les terrains qui l'entourent.

En effet, l'eau de pluie tombée à la surface du sable
perméable en A et en B, s'infiltre à travers le sable ; mais
elle ne peut aller plus bas à cause de l'argile imperméable
qui est au-dessous ; elle ne peut pas non plus se répandre
du côté de la vallée, à cause de l'argile qui est au-dessus

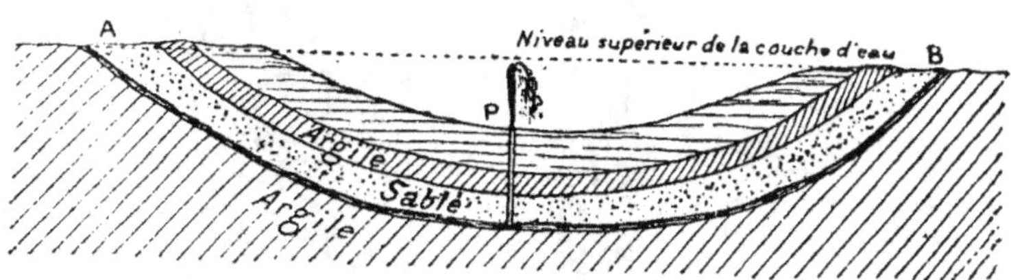

Fig. 52. Coupe d'une vallée à puits artésien.
A, B, régions où la couche de sable se trouve à la surface du sol et
reçoit les eaux de pluie.
P, puits artésien.

du sable ; elle vient donc se réunir dans le sable comme
le montre la figure, au-dessus de l'argile inférieure.

Si l'on creuse un puits au fond d'une telle vallée, que va-
t-il arriver ?

Dès que le puits aura atteint la couche d'eau, la couche
d'argile supérieure étant percée, l'eau pourra passer par
l'ouverture du puits pour remonter jusqu'à la hauteur du
niveau le plus élevé de la couche d'eau AB. Le puits et la

couche de sable, remplis d'eau, forment, en effet, un système de vases communiquants ; et l'on sait que l'eau atteint le même niveau dans plusieurs vases qui communiquent entre eux par la base.

En général, au lieu de laisser l'eau jaillir dans l'air, on élève un tube au-dessus de l'ouverture du puits, comme au puits de Grenelle, à Paris (fig. 53). De là, on laisse ensuite l'eau retomber en cascades.

Fig. 53. Le puits artésien de Grenelle.

Ces sortes de puits à eau jaillissante. construits dans un

sol dont la disposition est analogue à celle que représente la figure 52, sont appelés *puits artésiens*, parce que le premier puits de ce genre creusé en France, au XIIᵉ siècle, a été construit en Artois (aujourd'hui département du Pas-de-Calais).

108. Embouchure d'un fleuve. — La vallée d'un fleuve finit par aboutir à la mer. Le fleuve vient s'y jeter à son embouchure.

L'eau de surface tout entière et une partie de l'eau d'infiltration viennent de même se déverser dans la mer.

C'est ainsi que l'eau qui est tombée sur le coteau que nous avons considéré, après avoir circulé en partie dans le sol, en partie à la surface, arrive enfin dans la mer.

109. Mers. — L'immense étendue des océans reçoit ainsi continuellement l'eau que lui apportent tous les fleuves. Cette eau va-t-elle augmenter indéfiniment le volume des mers, ou bien la mer va-t-elle perdre ailleurs ce qu'elle gagne par l'apport des fleuves ?

Pour comprendre comment la mer peut perdre de l'eau, il faut savoir que l'eau liquide peut se transformer en vapeur. Parlons donc d'abord de l'eau à l'état de *vapeur*.

110. Vapeur d'eau. — Dans l'air ordinaire, qui est formé de gaz invisibles, il y a de l'eau à l'état de vapeur. On ne la voit pas non plus ; mais nous pourrons reconnaître qu'elle existe, de la manière suivante :

Supposons que nous apportions, dans une pièce chaude, une carafe d'eau fraîche prise dans la cave ; nous l'avons d'abord essuyée avec soin à la surface, avant de la monter. Au moment où nous entrerons avec cette carafe dans la chambre, nous verrons des gouttelettes se déposer à la surface du verre, à l'extérieur de la carafe froide. Cette eau ne vient pas de la carafe, elle se dépose à la surface externe du verre ;

elle vient de l'air. C'est la vapeur d'eau contenue dans l'air qui s'est subitement condensée sous forme de gouttes liquides à la surface du corps froid.

Ainsi donc, il y a de la vapeur d'eau dans l'air. On peut le démontrer en la condensant sous forme liquide à la surface d'un corps froid. C'est l'eau en vapeur invisible répandue dans l'air, qui s'est changée en eau liquide par le froid.

Faisons l'inverse maintenant : changeons l'eau liquide en vapeur d'eau. Pour cela, il suffit de chauffer un peu d'eau sur le feu dans une bouillotte.

A mesure que nous chauffons l'eau dans la bouillotte, nous voyons qu'elle diminue de volume ; il y en a de moins en moins. Si nous laissons toujours la bouillotte sur le feu, toute l'eau liquide aura disparu, il n'y aura plus d'eau dans la bouillotte. Qu'est-elle devenue ? Elle est passée à l'état de vapeur d'eau, par l'action de la chaleur, et elle s'est répandue dans l'air environnant.

Par la chaleur, nous avons donc transformé l'eau liquide en vapeur d'eau invisible.

111. Évaporation de l'eau des mers. — On appelle *évaporation* ce changement de l'eau liquide en vapeur d'eau, qui se produit sous l'action de la chaleur.

A la surface des mers, l'eau s'évapore ainsi sous l'influence de la chaleur du soleil. Une partie de l'eau liquide de la mer se transforme en vapeur d'eau et va se répandre dans l'air.

C'est ainsi que la mer perd d'un côté ce qu'elle gagne de l'autre. Elle reçoit de l'eau par tous les fleuves ; elle en perd la même quantité par l'évaporation de sa surface, sous l'action de la chaleur.

112. Formation des nuages. — Que devient cette vapeur d'eau formée à la surface de la mer ?

Elle se mêle d'abord à l'air chaud qui se trouve près de la surface, comme la vapeur d'eau sortant de la bouillotte se mêlait à l'air qui l'entourait. Puis elle est entraînée avec cet air chaud (plus léger que l'air froid) dans les parties les plus élevées de l'atmosphère (1).

Ainsi, l'air amène la vapeur d'eau dans les régions supérieures. Or, ces régions sont très froides ; on s'aperçoit de cette basse température quand on s'élève sur une montagne ou quand on fait une ascension en ballon.

Dès lors, que va devenir la vapeur d'eau au milieu de cet air froid ?

Que devenait la vapeur d'eau contenue dans l'air de la chambre, contre la carafe froide ? Elle se condensait en gouttelettes liquides.

Il en est de même dans les hautes régions de l'atmosphère. La vapeur d'eau y arrive de la surface de la mer avec l'air chaud ; elle est refroidie, elle se condense en une masse de fines gouttelettes : ce sont les *nuages*. Ils sont soutenus par le vent, jusqu'à ce qu'ils retombent en *pluie*.

Nous voilà ramenés à notre point de départ.

113. Résumé. — Les *nuages* ont formé la *pluie* qui est tombée sur la colline. Une partie de cette pluie s'est écoulée par les *torrents*, une autre est entrée dans le sol : c'est l'*eau d'infiltration*, dont on peut démontrer l'existence par les *puits*.

L'eau d'infiltration continue à s'écouler lentement par les vallées ; mais une portion de cette eau, trouvant des ouvertures à la base de la colline, a formé des *sources*. Les sources donnent naissance aux *cours d'eau*.

L'eau circule alors rapidement à la surface par les cours d'eau, très lentement au fond des vallées en s'infiltrant à travers les roches. Elle arrive ainsi dans la mer.

---

(1) On sait que l'air chaud est plus léger que l'air froid. Les premiers ballons s'élevaient par l'air chaud. Cette différence de température est la cause du *vent*.

Enfin, la chaleur évapore l'eau à la surface des mers; la *vapeur d'eau*, entraînée par l'air chaud, arrive dans les régions supérieures de l'atmosphère. Là, le froid la condense en une masse de petites gouttelettes qui forment les nuages.

CHAPITRE XI.

114. Dalle d'une fontaine. — Si l'on a mis sous le jet d'eau d'une fontaine une dalle de pierre unie, un peu inclinée, au bout d'un certain temps, que verra-t-on sur cette dalle, à l'endroit même où l'eau tombe sans cesse? La pierre aura été usée et détruite, un trou aura été formé sous le jet de la fontaine, une sorte de rigole peu profonde se sera creusée à partir de là, jusqu'à la partie la plus basse de la dalle.

Si la dalle est en pierre à plâtre, cela sera déjà très visible au bout de quelques semaines. Si la dalle est en calcaire, il faudra plus de temps pour l'user. Mais quand bien même elle aurait été taillée dans les pierres les plus dures (meulière ou granit) le jet de la fontaine finira par la ronger, par y former un creux, par y tracer une rigole.

Ainsi donc l'action de l'eau peut détruire toutes les pierres; avec le temps elle corrode et enlève les roches les plus résistantes.

115. Eau trouble pendant la pluie. — Lorsqu'il pleut, l'eau des ruisselets que forme la pluie est trouble. Prenons un peu de cette eau trouble dans un verre, laissons le verre, sans y toucher, sur une table. Peu à peu nous verrons l'eau redevenir limpide, tandis qu'un dépôt se sera formé au fond du verre (fig. 54).

Dans ce dépôt nous pourrons reconnaître de petits fragments de roches et de l'argile. Le sable ou le limon qui troublent l'eau ont été arrachés aux pierres et aux terrains par la pluie et par les ruisselets qu'elle a formés.

Ainsi que l'eau de la fontaine, l'eau de la pluie a rongé

Fig. 54 Dépôt (D) formé dans un verre par de l'eau trouble.

les pierres et les terrains ; avec le temps elle peut aussi en altérer et en entraîner de très grandes quantités.

116. Ravinement par les torrents. — Les flancs du coteau que nous considérions, ont été ainsi ravinés par les eaux des torrents que la pluie a formés. Les pierres et les terrains rongés se creusent en un ravin profond. Çà et là, la violence du torrent a arraché de gros morceaux de pierres qu'elle a entraînés en les roulant dans ses eaux.

L'eau profite des moindres fissures pour s'y répandre : elle les élargit, elle use la roche de tous les côtés. Plus la pente est rapide, plus l'action de l'eau est violente, plus le torrent est profondément raviné.

C'est ainsi qu'au bout d'un très long temps, le coteau modifiera sa forme ; il s'usera par l'action des pluies, par le creusement des ruisselets à sa surface, par le ravinement des torrents.

C'est cette destruction incessante par l'eau qui favorise la formation de la terre végétale sur les plateaux ou sur les pentes peu inclinées du coteau; car elle ronge les roches et les divise en petits fragments. Elle empêche au contraire, la terre végétale de se former sur les pentes rapides à moins que la terre de ces pentes ne soit retenue par les puissantes racines des arbres des forêts.

Aussi, le ravinement par la pluie et par les eaux qui coulent à la surface du coteau empêche-t-il toute culture sur les flancs des montagnes déboisées. Nous avons déjà vu plus haut quel avantage on avait à maintenir en forêts les pentes rapides, à planter ou à semer des arbres sur celles qui sont déboisées.

Dans le pays du Dévoluy, en Dauphiné, les habitants ont peu à peu coupé toutes leurs forêts, il y a quelques centaines d'années ; le ravinement des eaux pluviales a bientôt enlevé toute la terre végétale. Il a fallu abandonner la culture des champs, autrefois protégés par les forêts. Ce pays dénudé présente maintenant l'aspect de la ruine et de la désolation : il s'est presque entièrement dépeuplé.

En certaines parties on cherche à résister à l'action destructive des eaux en reformant la terre végétale par des semis d'herbes, de broussailles comme les genêts, et enfin de différents arbres, pour reconstituer les forêts.

117. Altération des roches par l'eau d'infiltration. — Ce n'est pas seulement l'eau de surface qui altère les pierres et les terrains du coteau. Nous avons vu qu'une autre partie de l'eau de pluie pénètre profondément dans les roches : c'est l'eau d'infiltration. Elle modifie aussi les terrains, dans son parcours au milieu d'eux ; elle entraîne lentement les parties de la roche qui peuvent se dissoudre.

Près de la surface du sol, l'eau d'infiltration contribue aussi à la formation de la terre végétale. La roche, rendue plus friable, se divise plus facilement en petits fragments.

118. Creusement des vallées. — Considérons la vallée d'un fleuve ou d'une rivière dans une plaine. Le cours d'eau est toujours au fond d'un creux plus ou moins profond (fig. 55). Qu'est-ce qui a produit ce creux ?

Si, par une forte pluie, nous regardons un tas de sable

nous verrons qu'il s'y creuse de petites rigoles qui continuent à se former dans les parties les moins inclinées ; s'il pleut plus longtemps, elles seront de plus en plus profondes et formeront comme de petites vallées au milieu desquelles s'écoulera un filet d'eau.

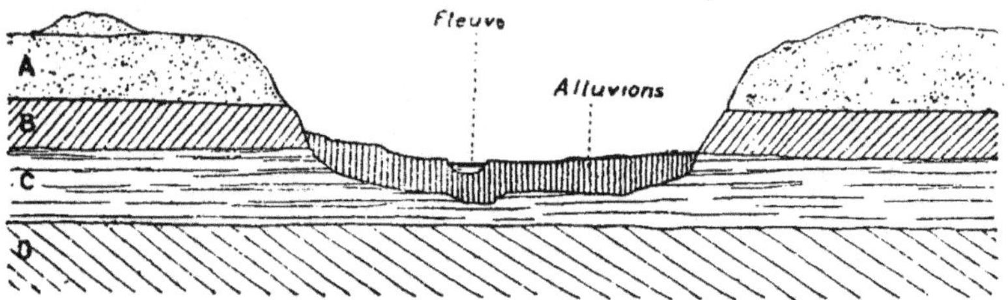

Fig. 55. Coupe d'une vallée

De même, puisque nous voyons, à chaque instant, les cours d'eau arracher sur leurs bords des parcelles de pierres ou de terrains, pour les transporter dans leurs eaux, nous pouvons comprendre que cette action, s'exerçant depuis très longtemps, a dû produire un creusement de plus en plus profond.

Les sillons irréguliers formés par l'eau dans le sable, la rigole creusée dans les dalles les plus dures par l'eau d'une fontaine nous font comprendre comment, à la longue, l'action incessante des cours d'eau, jointe à celle de l'eau d'infiltration, a pu produire le creusement de ces vallées.

119. Inégale résistance des diverses roches à l'action de l'eau. — Nous pouvons prévoir que toutes les roches ne résisteront pas de la même manière à l'action de l'eau. Le sable sera plus facilement entraîné qu'une roche compacte ; la meulière sera plus difficile à attaquer que la craie.

Il peut se faire que dans une même masse de roche, les différentes parties soient plus ou moins compactes et par conséquent plus ou moins résistantes à l'action des eaux.

Que se produira-t-il alors ?

Les portions les plus molles seront d'abord enlevées. A mesure que l'action de l'eau continuera peu à peu à se produire, les parties les plus compactes de la roche feront saillie. Puis, l'eau continuant à altérer plus rapidement la roche la moins dure, la saillie de la portion compacte s'accentuera encore ; s'il se trouve que la roche soit aussi moins dure au-dessous de cette partie compacte, l'eau creusera peu à peu la roche tout autour de la partie résistante, qui finira par s'élever sur une sorte de pied (fig. 56). C'est

Fig. 56. Table de rocher.

ainsi que se sont produites les *tables* de rochers, comme on en voit dans plusieurs pays (Isère, Meuse, Ariège, etc.).

La manière dont se sont formés les rochers de Fontainebleau est très analogue. C'est encore un très bon exemple de l'inégale résistance des roches à l'action destructive des eaux.

Si l'on examine la tranchée d'une carrière profonde de grès, dans la forêt de Fontainebleau, on voit que les bancs de grès G sont situés au milieu du sable S et disposés en masses compactes, plus ou moins arrondies (fig. 57). Or examinons au moment d'une pluie d'orage la surface du coteau où cette tranchée est faite. Nous verrons que le sable est entraîné partout par l'eau de l'orage, tandis que nous ne pouvons guère voir se produire sous nos yeux l'usure lente des rochers de grès.

Au bout d'un temps très long, qu'arrivera-t-il? Le sable

lisparaîtra peu à peu, entraîné par les pluies dans les parties basses; les grès, beaucoup plus lentement usés, feront peu à peu saillie sur le coteau, où ils formeront des rochers. A la longue, les rochers s'empileront les uns sur les autres,

Fig.57. Coupe du sol dans la forêt de Fontainebleau.
S, sable; G, grès.

à mesure que le sol s'abaissera, et donneront au coteau cet aspect caractéristique, bien connu de tous ceux qui ont vu les environs de Fontainebleau.

120. Destruction des côtes par les vagues. — Nous n'avons parlé jusqu'à présent que de l'action des eaux continentales sur les pierres et les terrains ; mais l'eau des mers peut agir aussi.

Le vent soufflant à la surface de la mer produit les vagues, qui viennent parfois se jeter avec violence sur les côtes.

La mer entame alors les bords du continent, elle fait effondrer les roches et les terres, elle arrache les pierres les plus dures et les roule dans ses eaux.

Comme dans le cas des eaux continentales, les roches seront détruites par la mer avec une inégale rapidité, suivant leur plus ou moins grande résistance. Lorsqu'une même roche aura des parties compactes et d'autres qui seront plus molles, les premières, moins vite démolies par les vagues, formeront au milieu de la mer des colonnes ou des piliers. Ainsi, à Etretat, à Dieppe, etc., la craie qui forme les falaises au bord de la mer a des parties très friables et d'autres plus solides. Les premières s'écroulent plus vite, et c'est ainsi qu'on voit se former sur le bord de la mer de grandes arcades de rochers soutenues par les parties les plus solides qui en forment les piliers.

121. Résumé. L'eau de pluie, celle des torrents et des cours d'eau enlèvent continuellement aux pierres et aux terrains une partie de leur substance.

C'est ainsi qu'à la longue, les coteaux s'abaissent peu à peu et les vallées se creusent de plus en plus.

L'eau d'infiltration contribue aussi à l'altération profonde des roches.

Les mouvements des vagues de la mer démolissent souvent les côtes et font écrouler les roches.

Les différentes roches offrent une résistance inégale à l'action destructive des eaux. Souvent même, les différentes parties d'une même roche étant plus ou moins compactes, la masse entière se creuse et s'altère irrégulièrement. C'est ainsi que se forment des tables de rochers, les rochers de Fontainebleau, les arcades qu'on observe sur les bords de la mer.

CHAPITRE XII.

TERRAINS ET PIERRES QUE L'EAU FORME.

122. Dépôts formés par les torrents. — Nous venons d'étudier comment l'eau enlève continuellement une partie des pierres et des terrains. Nous devons nous demander, maintenant, ce qu'elle fait de tous les matériaux qu'elle a enlevés. Nous avons vu comment elle détruit;

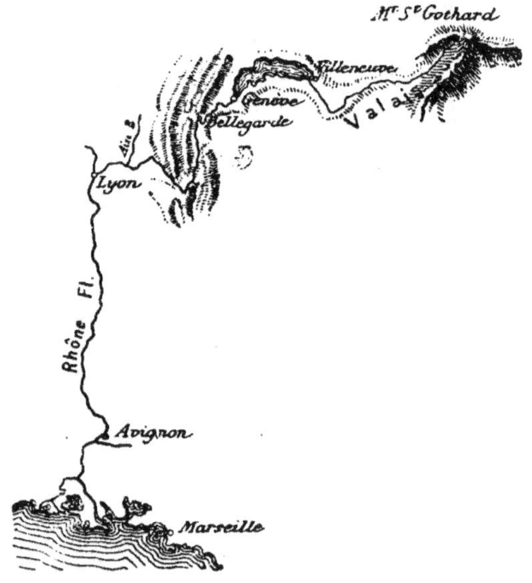

Fig. 58. Cours du Rhône.

examinons comment elle peut, au contraire, former de nouveaux terrains.

Pour mieux préciser, choisissons un exemple particu
lier. Imaginons que nous suivions le Rhône depuis sa
source, au Saint-Gothard, jusqu'à son embouchure dans la
Méditerranée (fig. 58). Dans ce voyage, nous porterons
notre attention sur toutes les pierres et sur toutes les
terres que le fleuve dépose ; c'est-à-dire sur les nouveaux
terrains qu'il forme.

Au début, le Rhône est torrentueux, ses eaux rapides
arrachent des masses de pierres et creusent profondément
les roches.

Les parties les moins résistantes produisent le *sable* et
le *limon*, c'est-à-dire de l'argile en petites particules mêlées à l'eau ; les pierres dures, comme le silex ou le
granit, sont roulées par les eaux et forment les *galets*

Fig. 59. Galets.

123. Galets, sable, limon. — Les galets, le sable et
le limon sont entraînés par le fleuve. Regardons à un endroit où le courant est un peu moins rapide que près de la
source ; sur le bord nous verrons des dépôts de cailloux
roulés : ce sont les galets qui se sont déposés sur les rives
(fig. 60), dès que les eaux sont devenues un peu moins rapides. Du reste, ces dépôts varient incessamment. Si
les eaux du fleuve sont plus fortes, les galets déposés
sont repris par elles, arrondis encore davantage et transportés plus loin.

En suivant toujours le cours du Rhône, nous trouverons

certains points de la vallée du Valais où le cours est moins rapide. Là, nous pourrons observer des dépôts de sable très abondants; dans les endroits où le courant sera plus faible encore, où le lit du fleuve s'élargira, nous trouverons sur les rives des couches d'argile : c'est le limon qui s'est déposé pour les former.

Fig. 60. Galets déposés sur les bords du fleuve.

Mais, dans cette partie de son cours, les alluvions de sable et d'argile produites par le Rhône sont plus variables encore dans leur forme que les dépôts de cailloux roulés. Le fleuve, dont les eaux sont tantôt basses, tantôt très hautes, ne les dépose que pour les reprendre en les faisant toujours changer de place.

Le sable ou l'argile qui sont tombés au fond du fleuve, au moment où les eaux étaient peu fortes, sont ensuite rongés et enlevés par lui, lorsque surviennent de grandes pluies.

Il en résulte qu'en arrivant dans le lac de Genève, le Rhône transporte encore dans ses eaux : des galets, du sable et du limon.

124. Dépôts formés dans les lacs. — Nous arrivons maintenant dans le bas de la vallée du Valais.

Près du village de Villeneuve, le Rhône, dont le courant est toujours rapide, va se jeter dans le lac de Genève. Les galets, le sable et le limon qu'il a transportés, se trou-

vent tout à coup dans une eau tranquille. Aussi, à l'arrivée
du Rhône, il se forme des dépôts très épais : les galets
roulent au fond, le sable et l'argile se déposent en
couches par-dessus. Il se produit ainsi des terrains qui
se terminent vers le lac en forme de cône (fig. 61). A

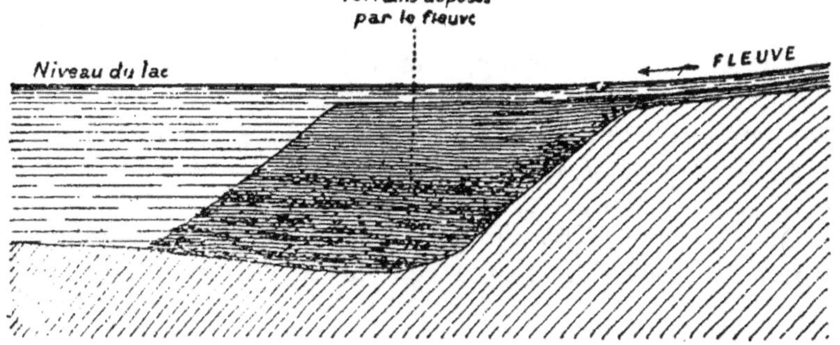

Fig. 61. Dépôts formés par un fleuve à son entrée dans un lac.

la longue, ces dépôts s'avancent vers l'intérieur du lac
et s'élèvent jusqu'à atteindre son niveau. C'est ainsi que,
depuis l'époque des Romains, le Rhône a repoussé vers
l'ouest le bord du lac de Genève de près de trois kilomètres,
par les apports incessants de pierres et de terrains qui ont
peu à peu comblé cette partie du lac.

Il se forme aussi des dépôts, quoique bien moins abondants, dans toutes les autres parties du lac de Genève. Les
particules très fines du limon apporté par le fleuve vont
se répandre dans toute l'eau du lac et peuvent être déposées sur le fond ou sur les bords.

Enfin, le vent peut agir sur ces eaux comme sur celles de
la mer, et les roches arrachées aux côtes par les vagues
du lac, se déposent ensuite comme celles que le Rhône a
apportées.

**125. Dépôts formés par les cours d'eau dans
les vallées des plaines. — Alluvions. —** Mais suivons
de nouveau le Rhône, à partir de Genève (fig. 58). Entre

Genève et Lyon, son cours est encore assez rapide, quoiqu'il soit moins fort que près de sa source. Non loin de Bellegarde, où il traverse des roches très friables, une grande partie du cours du fleuve devient souterraine ; les eaux du Rhône s'infiltrent dans les roches : c'est ce qu'on appelle la perte du Rhône.

Les dépôts formés par le fleuve depuis cet endroit commencent à être plus épais, surtout toutes les fois que la vallée s'élargit, quand le courant est très faible, le sable n'est même plus entraîné ; les couches qui se déposent sont de l'argile presque pure. Continuons à descendre le fleuve. Après qu'il a reçu l'Ain, sa vallée s'élargit et la formation des alluvions devient plus importante. Les dépôts argilo-sableux s'étalent à droite et à gauche sur ses rives (fig. 62).

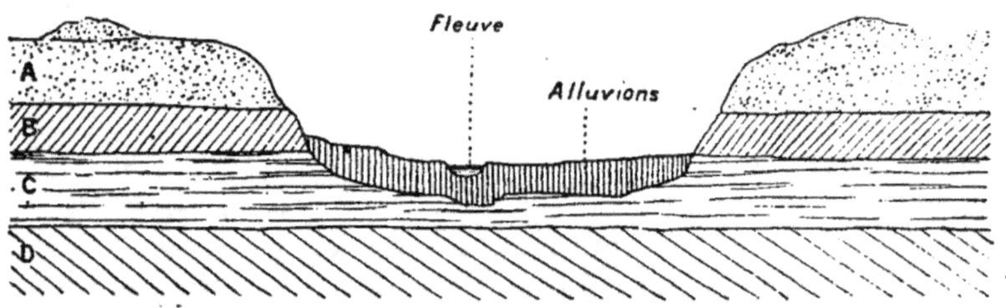

Fig. 62. Alluvions déposées par un fleuve au fond de la vallée.

Il en sera de même au delà de Lyon et jusqu'à son embouchure ; tout le fond de la vallée du fleuve est occupé par les nouveaux terrains qu'il a formés avec les matériaux arrachés dans la partie la plus élevée de son cours. Ces terrains sont constitués par les couches successives parallèles des dépôts qui se superposent les unes au-dessus des autres. On les nomme : *alluvions*.

126. Dépôts formés à l'embouchure d'un fleuve. — Barres. — Nous avons vu que, lorsque le Rhône a débouché dans le lac de Genève, il a déposé subitement une grande quantité de terrain. Nous pouvons donc prévoir que le Rhône, grossi de tous ses affluents, va former d'énormes dépôts lorsqu'il arrivera dans la mer.

En effet, lorsqu'un fleuve débouche dans la mer, non seulement son courant cesse tout à coup, mais l'eau douce devient de l'eau salée et ce changement dans la composition de l'eau favorise beaucoup la chute de toutes les matières que les eaux du fleuve tiennent en suspension.

Le Rhône, arrivant dans la Méditerranée, est chargé d'une masse énorme de limon et de sable fin. Ses eaux, se mêlant au bleu pur de la mer, s'y étalent en une large tache jusqu'à trois lieues de la côte.

Ces dépôts, formés brusquement dans la mer, en avant de l'embouchure du fleuve, sont appelés des *barres* (fig. 63). Le

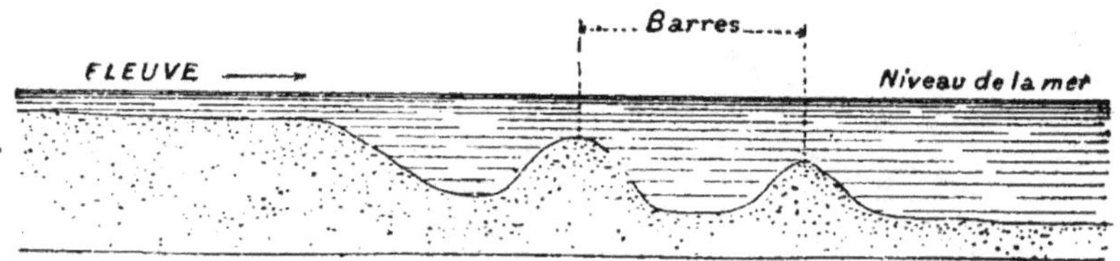

Fig. 63. Barres formées à l'embouchure d'un fleuve dans la mer.

mouvement et les changements qui se produisent dans la quantité de matière apportée par le fleuve, font que ces barres ne se forment pas toujours au même endroit : elles se déplacent. Aussi la navigation est-elle toujours dangereuse près de l'embouchure d'un fleuve, car le fond des mers change ainsi continuellement par le déplacement des barres. Pour qu'un voyage sur mer soit sûr dans ces parages, il faut faire diriger l'embarcation par un pilote du pays, au courant des modifications qui se produisent toujours à cet endroit, dans les fonds sous-marins.

C'est à cause des difficultés que les barres présentent pour la navigation, qu'aucun port maritime important n'a pu s'établir sur le Rhône, comme les ports de Bordeaux, Nantes, Rouen, situés près de l'embouchure des autres fleuves de France, où les dépôts des barres sont moins puissants.

127. Deltas. — Les dépôts des barres, lorsqu'ils sont

très importants et lorsqu'ils s'étendent au loin sous la mer, s'opposent aux mouvements violents des vagues et protè-gent l'embouchure du fleuve contre leur action. Il en est ainsi au-devant de l'embouchure du Rhône dans la Médi-terranée.

Dès lors, les eaux sont, à cet endroit, relativement tranquilles et à l'abri des tempêtes ; les terrains ap-portés par le fleuve ne sont pas incessamment détruits par les vagues, au moment où ils viennent de se former. Ainsi, la masse de limon et de sable apportée en une année par le Rhône (1), s'ajoutera à la masse déposée pendant

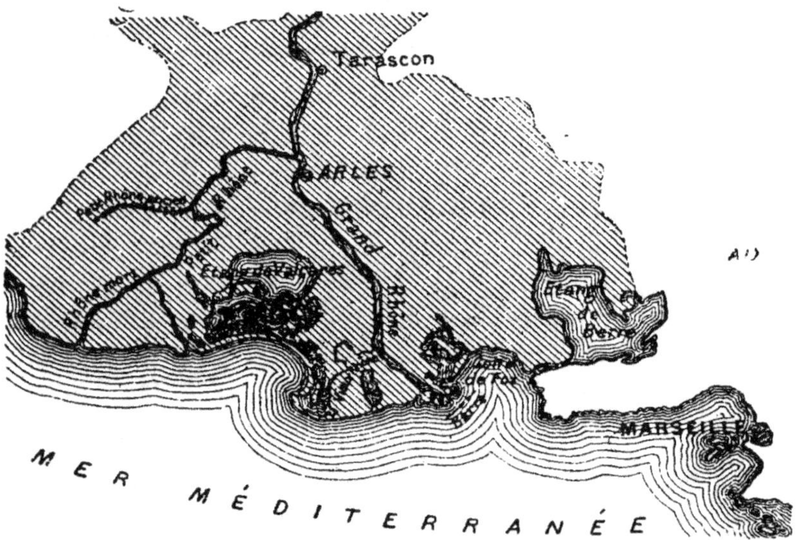

Fig. 64 Delta du Rhône.
Les hachures indiquent la surface couverte par les alluvions que le fleuve a déposées.

les années précédentes. Peu à peu ces dépôts s'élèveront sur le fond de la mer, puis ils surgiront au-dessus du ni-

(1) Le Rhône en dépose à son embouchure environ vingt millions de mètres cubes par an

veau de la Méditerranée et viendront augmenter le continent. C'est de cette manière que se sont formés tous les terrains de la Camargue et ceux qui sont situés à l'est et à l'ouest de l'étang de Valcarès, depuis les environs de Nîmes jusqu'à l'étang de Berre (fig. 64).

Les dépôts forment d'abord la barre, puis ils s'exhaussent des deux côtés du fleuve ; la barre est repoussée plus loin ; les dépôts augmentent, émergent du fond de la mer, s'élargissent, se soudent, et deviennent un nouveau rivage.

A une certaine époque, lorsque les dépôts n'étaient pas aussi étendus, le Rhône s'est divisé en plusieurs branches ; quelques-unes se sont ensablées (le petit Rhône ancien, le Rhône mort), d'autres se sont creusées plus nouvellement, comme le Grand Rhône actuel.

Ces dépôts, formés ainsi à l'embouchure des fleuves qui se divisent en deux branches principales de manière à faire un triangle avec le bord de la mer, ont été appelés *deltas*, parce qu'ils ont la forme de la lettre grecque delta (Δ).

Le delta du Rhône s'accroît toujours, sur ce point, le continent s'augmente et la mer diminue.

128. Résumé des terrains formés par un fleuve.— En suivant le cours du Rhône, depuis sa source jusqu'à son embouchure, nous avons observé les différents terrains qu'il forme. D'une manière générale, les plus lourds sont déposés d'abord, les plus légers en dernier lieu. C'est ainsi que nous avons vu successivement se former les bancs de galets, les dépôts de sable et les alluvions, à mesure que le cours du fleuve devenait de moins en moins rapide.

A son entrée dans le lac de Genève, le Rhône a produit des terrains d'une grande épaisseur, qui vont s'accroissant chaque année et qui donnent naissance à des sortes de terrasses qui s'avancent peu à peu dans le lac, en faisant reculer la rive.

A son arrivée dans la mer, le fleuve forme des dépôts presque entièrement composés de limon et de sable très fin, qui sont plus puissants encore : ce sont les *barres*. L'ensemble des terrains formés par les dépôts du fleuve, près de son embouchure, et qui peuvent s'avancer dans la mer, à l'abri des barres, a reçu le nom de *delta*.

129. Dépôts formés sur les côtes par la mer. — Bancs de galets; plages de sable; dunes. — Nous avons vu la mer enlever des terrains, arracher les roches sur les côtes. De même que le fleuve détruit d'un côté pour édifier de l'autre, la mer dépose en certains points de la côte ou dans ses parties profondes, les matériaux qu'elle a enlevés aux continents.

Les parties les plus fines, comme l'argile, ou celles qui peuvent être désagrégées par l'eau, comme les calcaires, sont entraînées dans le fond des mers. Mais les roches très dures telles que les roches siliceuses, résistent beaucoup plus à l'action destructive de la mer ; elles sont roulées par les vagues.

Si elles sont en gros morceaux, elles forment des cailloux arrondis que les flots viennent déposer sur les côtes où ils constituent ce qu'on appelle des *bancs de galets*.

Si ce sont de petits grains siliceux, provenant de la destruction du grès ou du granit, ils forment des sables que la mer dépose en masses sur ses bords : ce sont des *plages de sables*.

Les bancs de galets et les plages de sable sont souvent très épais. Ils constituent des terrains formés par la mer.

Lorsque les sables que la mer a apportés sur les côtes en grande quantité sont soulevés par les vents, ils peuvent former des collines de sable au bord de la mer : c'est ce qu'on nomme des *dunes*. On en trouve sur les côtes de France : à Dunkerque ou dans les Landes, par exemple.

130. Dépôts des mers profondes. — Les terrains que la mer forme sur les côtes sont d'une importance relativement très faible par rapport à ceux qu'elle dépose dans ses parties profondes. Ce sont les dépôts du fond des mers qui sont les plus épais et les plus étendus parmi tous ceux qui se forment maintenant.

Le sable fin, le calcaire, l'argile, déversés par tous les fleuves ou bien enlevés aux continents par le choc des vagues, viennent tomber lentement par couches successives, les unes au-dessus des autres, dans les diverses parties de la mer ; ils y forment constamment de nouveaux terrains dont l'épaisseur s'augmente toujours aux dépens des continents.

Si l'on est à bord d'un vaisseau qui fait une longue traversée, il est facile de se rendre compte de la nature de ces dépôts ; on peut constater qu'ils sont différents dans les diverses parties des mers. Pour cela, on se sert d'une sonde particulière : c'est un boulet placé au bout d'une corde et qui est muni en dessous d'une petite plaque de métal, enduite de suif. Lorsqu'on jette la sonde dans la mer, en déroulant la corde, le boulet finit par atteindre le fond de la mer, et son poids applique fortement la plaque enduite de suif contre la vase. On retire la sonde et l'on ramène une petite quantité de la roche du fond de la mer, qui est restée adhérente au suif.

Si l'on fait sécher la vase, tantôt on obtiendra une roche grise ayant tous les caractères de l'argile ; tantôt ce sera une masse blanche, friable, faisant effervescence avec le vinaigre : c'est de la craie ; d'autres fois, ce sera un mélange de ces deux vases : de la marne ; en d'autres cas, du sable très fin mélangé avec de l'argile, etc.

En résumé, nous voyons que l'effet le plus général de la circulation de l'eau sur les pierres et les terrains, est d'abaisser toujours les montagnes et les collines pour former, dans les mers, de nouveaux terrains qui s'y déposent par couches successives

CHAPITRE XIII.

131. Neige des hautes montagnes ; névés. —
Lorsque nous avons étudié la circulation générale de l'eau dans la nature (§ 100), nous avons pris pour point de départ une colline; mais si, au lieu d'une colline, nous considérons des montagnes très élevées, les phénomènes de la circulation de l'eau seront différents.

Supposons donc que nous allions dans les Alpes, sur le sommet des montagnes. A moins que nous ne soyons dans les plus fortes chaleurs de l'été, lorsque le temps deviendra mauvais, nous verrons toujours tomber de la neige et non de la pluie.

La *neige* est formée par les goutelettes d'eau qui, arrivant dans les parties les plus froides de l'atmosphère, sont devenues solides; ce sont des petits flocons de glace.

Comme il fait très froid dans ces hautes régions des montagnes, la neige qui tombe sur le sol ne fond pas : elle s'accumule en grande quantité. La neige nouvelle vient former des couches sur la neige ancienne, et l'ensemble des dépôts de neige peut atteindre, dans les endroits les plus creux, une très grande épaisseur.

On appelle *névés* ces champs de neige qui se sont ainsi formés sur les plus hauts sommets.

Dans les Alpes françaises, lorsqu'on s'élève à une hauteur de plus de 2,500 mètres au-dessus du niveau de la mer, on trouve des névès qui ne fondent jamais complètement. même dans les plus fortes chaleurs

A partir de cette limite, on atteint ce qu'on appelle : la région des neiges éternelles.

132. Glaciers. — La neige qui est au fond des névés est beaucoup plus dure et plus compacte que celle qui vient de tomber à leur surface. Dans les chaînes de montagnes les plus élevées, les neiges qui s'accumulent dans les vallées profondes se compriment sous l'énorme poids de leurs couches épaisses, et les parties les plus basses deviennent encore plus compactes que la neige des névés ; elles finissent par se transformer tout à fait en une immense masse de glace qui remplit le fond de la vallée.

C'est alors un *glacier* (fig. 65 et 67).

Fig. 65. Glacier.
On voit au milieu trois moraines médianes.

On voit, dans les Alpes de la Savoie et du Dauphiné, d'immenses étendues de glace qui subsistent par les plus fortes chaleurs et qui viennent s'étaler jusque dans les vallées.

133. Fonte des glaciers. — Allons, en été, dans une de ces vallées, à la base d'un glacier, à l'endroit où le champ de glace se termine : nous verrons de l'eau s'écouler au-dessous de la glace. Marchons maintenant à la surface du glacier, au milieu de la journée, alors que le soleil y envoie ses rayons brûlants : nous nous apercevrons que la glace fond à la partie supérieure, sous l'ardeur des rayons solaires. Nous verrons l'eau liquide formée couler à la surface du glacier jusqu'à ce qu'elle rencontre une de ces grandes fentes de la glace appelées *crevasses*. L'eau tombe alors dans ces crevasses et va se réunir au fond du glacier ; elle passe par tous les interstices qu'elle peut trouver ; elle se creuse un lit dans les cailloux, sous la glace, où elle forme une sorte de tunnel qui vient déboucher à la partie la plus basse du glacier, pour donner naissance à un cours d'eau (fig. 67).

C'est de cette manière que prennent naissance les rivières ou les fleuves qui sortent des montagnes très élevées. C'est ainsi que le Rhône, par exemple, prend sa source à la base d'un glacier, au Saint-Gothard.

Ainsi donc, tous les étés, les glaciers *fondent*, surtout vers leur base.

134. Marche des glaciers. — Comment donc se fait-il qu'ils gardent, en apparence, la même forme ? Comment se fait-il que la glace soit toujours à la base du glacier en même quantité ?

Puisque la glace fond ainsi continuellement dans les parties les plus basses de ce champ de glace, ne devrait-elle pas disparaître complètement au bout d'un certain nombre d'étés ?

D'autre part, la neige qui s'accumule sur les hauts sommets, où il fait presque toujours très froid, devrait, à ce qu'il semble, s'entasser indéfiniment dans les creux des hautes régions, en les comblant complètement et en faisant disparaître les inégalités de la montagne.

On s'est expliqué ces faits, lorsqu'on a découvert que

ces masses de glace, **en** apparence immobiles, descendent lentement, sous l'action de leur poids, en frottant fortement contre les roches.

Nous pouvons constater cette *marche des glaciers* de la montagne vers la vallée, en faisant l'expérience suivante, qui est bien simple :

Plantons sur la glace un pieu solide, devant une paroi de roche fixe, située sur le bord du glacier; faisons une marque sur cette roche fixe bien en face du pieu que nous avons planté dans la glace.

Revenons ensuite à la même place, au bout d'un an ; cherchons la paroi de roche où nous avons fait une marque ; regardons bien en face : nous ne trouverons plus le pieu que nous avons planté. Mais descendons, le long des glaciers en nous dirigeant vers sa base : nous ne tarderons pas à l'apercevoir, à 50 ou 60 mètres plus bas. Approchons-nous : il est exactement planté dans la glace, de la même manière : il ne s'est pas déplacé par rapport à elle; c'est donc la masse de glace tout entière qui s'est déplacée. Le glacier entier s'est avancé, en un an, de soixante mètres vers sa base.

Ainsi, l'eau solide, comme l'eau liquide, descend de la montagne vers la plaine; le glacier s'écoule comme un fleuve, mais avec une très grande lenteur.

La masse de glace, en s'avançant, vient se fondre par la chaleur à la base du glacier, tandis qu'elle se renouvelle perpétuellement, à sa naissance, par l'accumulation des neiges qui tombent sur les hauts sommets.

135. Destruction des roches par les glaciers. — Moraines. — On comprend facilement que cette masse énorme de glace ne descend pas ainsi le long des parois de la montagne sans les user ou les entamer.

On voit en effet, sur les bords du glacier, que toutes les roches sont polies par le frottement lent et incessant de la glace; elles présentent aussi très souvent des rainures ou des stries dirigées dans le sens du glacier. C'est la glace

qui, en frôlant la roche, l'a ainsi polie en y formant ces
stries et ces rainures (fig. 66).

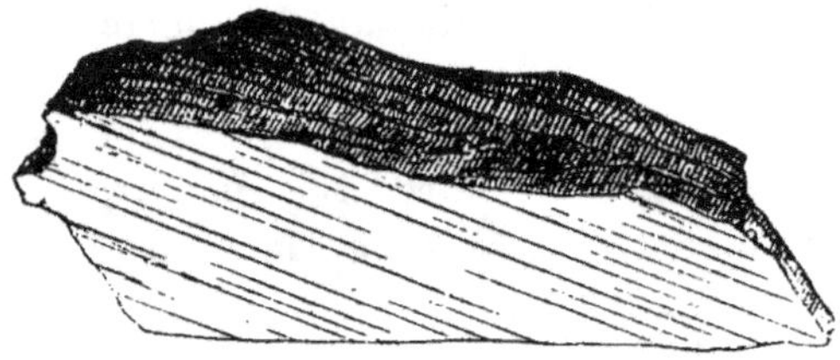

Fig. 66. Morceau de roche polie et striée par le frottement d'un glacier.

Mais, lorsque la roche présente des parties saillantes qui
s'opposent à la descente du glacier, la glace s'accumule
derrière ces rochers avancés, la masse de glace augmente
de poids, et quelquefois toute la masse saillante du rocher
est détachée en bloc et transportée par le glacier dans sa
course lente.

Il se détache ainsi, sur les bords des glaciers, une grande
quantité de rochers plus ou moins gros, qui forment deux
longues files de pierres descendant peu à peu, avec la
glace. Ces files de pierres s'appellent des *moraines*.

Lorsque deux glaciers se rencontrent à la jonction de
deux hautes vallées pour n'en former plus qu'un seul, la
moraine de gauche du premier glacier se joint à la moraine
de droite du second, pour ne produire qu'une seule suite de
pierres qui se trouve alors au milieu du glacier situé plus
bas (*mm.* fig. 67) c'est ce qu'on nomme une *moraine mé-
diane*. Celles qui restent sur le bord se nomment des *moraines latérales* (*ml*).

Dans le plan du glacier qui est ici figuré (fig. 67), comme
le glacier provient de la réunion de trois vallées remplies
de glace, il s'est opéré deux jonctions de moraines ; il s'est
donc formé deux moraines médianes *mm, mm*. Dans celui
de *la* figure 65, on voit trois moraines médianes, c'est qu'il

y a trois jonctions de vallées ; par conséquent, le glacier
provient de quatre autres glaciers situés plus haut.

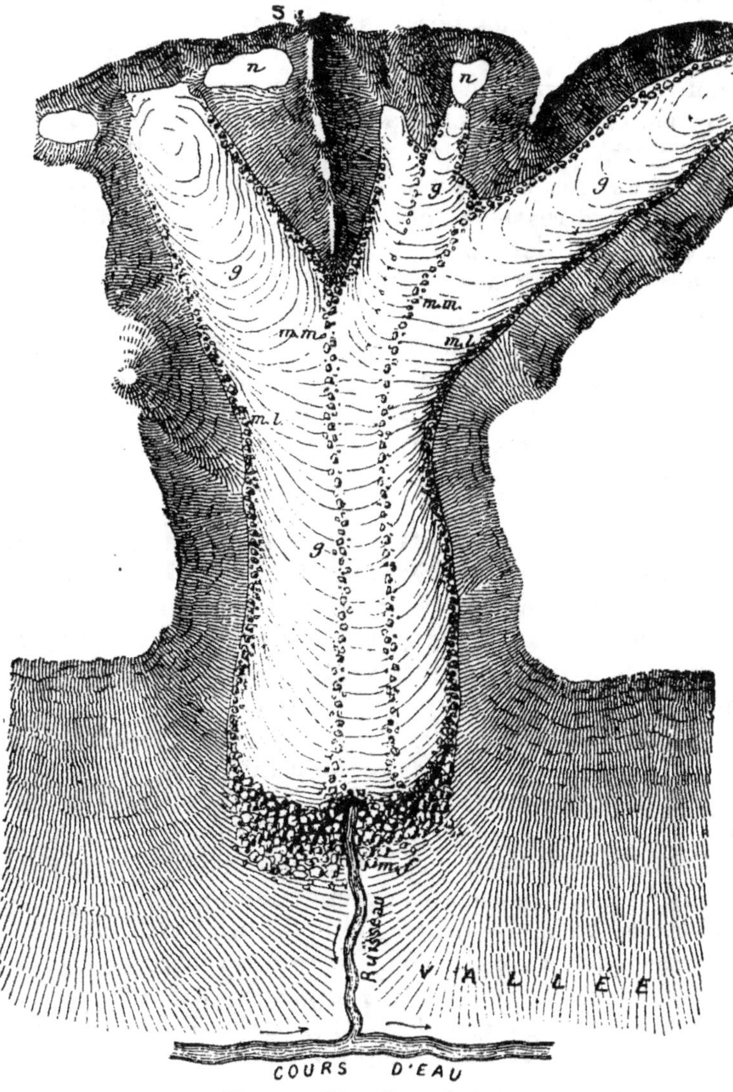

Fig. 67. Plan d'un glacier.
S. hauts sommets ; *n,n,n* névés ; *g,g* glaciers ; *ml* moraines latérales ; *mm*
raines médianes ; *mf,* moraine frontale.

Ce n'est pas seulement en usant les roches et en arrachant des blocs sur leurs bords, pour former les moraines, que les glaciers altèrent les terrains. Ils frottent aussi sur les parties profondes de la vallée qu'ils parcourent. Leur action est alors beaucoup plus considérable, car ils glissent sur les roches, en pressant contre elles de tout le poids de leur glace. Au fond de la vallée, les roches sont réduites par le frottement de cette masse pesante, en petits fragments bientôt arrondis qui ressemblent aux galets des rivières. Ils diffèrent de ces derniers par les rainures et les stries qu'ils présentent à leur surface, comme les roches usées des bords du glacier.

En somme, dans sa marche lente, le glacier use et altère les roches et les terrains qui sont en contact avec lui. Il réduit en fragments arrondis les roches qui sont au-dessous; il use ou il enlève par morceaux celles qui sont sur ses bords.

136. Pierres et terrains formés par les glaciers. — Moraine frontale. — Dépôts glaciaires. — Nous venons de voir quelles sont les pierres que les glaciers enlèvent aux roches; mais ces pierres sont ensuite déposées par lui quelque part. Les glaciers forment de nouveaux terrains.

Le glacier fait descendre lentement tous les blocs de pierre qui composent ses deux moraines médianes et ses deux moraines latérales. A mesure que toutes ces pierres arrivent en bas du glacier, où la glace fond, elles sont déposées sur le sol, en avant sur le front du glacier : on appelle *moraine frontale (mf.)* cette accumulation de blocs de pierre qui s'élève ainsi au-devant et à la base du glacier, par l'apport successif des files de rochers qu'il transporte.

Dans les parties profondes, le glacier produit, comme nous l'avons vu, un grand nombre de cailloux roulés et striés ; ces cailloux s'amoncellent, les uns au-dessus des autres, en couches superposées ; la glace, et l'eau liquide qui s'écoule dans les parties basses du glacier, lorsqu'il fond à la surface, altèrent aussi les roches très profondément : elles forment, comme les cours d'eau, du sable et du limon argileux qui se déposent avec les cailloux roulés. Ces *dépôts glaciaires* peuvent atteindre une très grande épaisseur.

137. Glaciers du pôle. — Nous avons dit qu'au-dessus de 2500 mètres de hauteur au-dessus du niveau de la mer, on atteint, dans les Alpes, la région des neiges éternelles.

Dans les Alpes scandinaves, en Norvège, il suffit de s'élever au-dessus de 1000 mètres pour atteindre la région des neiges qui subsistent pendant l'été ; enfin, si l'on va encore plus au nord, dans les contrées polaires, la région des neiges éternelles n'est presque pas plus élevée que le niveau de la mer. Dans ces pays, les glaciers s'étendent jusqu'à la côte : ils arrivent dans l'Océan.

Il existe aussi beaucoup de grands glaciers, au Groënland, au nord de l'Amérique ; ils sont comparables à des fleuves de glace dont le courant est très lent. Ils s'avancent peu à peu vers la mer, en descendant comme ceux des Alpes.

138. Glaces flottantes. — Lorsque leur glace arrive, ainsi poussée par ce mouvement, dans la mer (dont les eaux sont réchauffées par les courants qui viennent des régions chaudes de l'équateur), elle se détache en énormes fragments qui flottent à la surface de l'eau, car l'eau solide est plus légère que l'eau liquide.

Ces glaces flottantes, souvent d'énorme dimension, sont appelées *banquises* (fig. 68).

Celles qui sont formées par les glaciers du Groënland sont entraînées par des courants marins qui les ramènent vers le sud. Elles fondent peu à peu, à mesure que l'eau qui les porte est de plus en plus chaude. Les plus grandes arrivent quelquefois jusque près de Terre-Neuve.

139. Résumé. — Dans nos pays, l'eau ne subsiste à l'état de glace, pendant toute l'année, que sur les sommets des plus hautes montagnes.

Fig. 68. Glaces flottantes des mers polaires ou banquises.

La neige qui tombe dans ces régions élevées s'accumule en formant les *névés*.

Sous l'action de son propre poids, la neige se presse elle même, les petits cristaux des flocons se réunissent, forment une masse compacte et, plus bas, se transforment en glace transparente. Le névé est alors devenu *glacier*.

Les glaciers qui sont en apparence immobiles, descendent en réalité dans les hautes vallées, de la montagne à la plaine; mais ce mouvement est très lent.

Les glaciers polissent les roches qu'ils frottent dans leur marche et y marquent des stries. Dans leurs parties profondes ils arrachent des fragments de roches qu'ils roulent en cailloux; sur leurs bords ils enlèvent des morceaux de

pierre qu'ils transportent en longues flies apppelées *moraines*.

Tous ces blocs de pierre forment au-devant du glacier
une masse appeléc moraine frontale; les roches altérées,
au fond du glacier, produisent du sable, du limon et des
galets qui constituent des *dépôts glaciaires*.

Dans les régions polaires, les glaciers ne sont pas fon-
dus avant d'arriver dans la mer. La glace qu'ils déversent
lentement dans l'Océan se détache en grands fragments : ce
sont les *banquises*.

IV

TERRAINS

—

CHAPITRE XIV.

TERRAINS DE SÉDIMENT (1).

140. Examen d'une carrière. — Nous avons déjà parlé des terrains qui se forment par l'action des eaux. Nous avons dit que les dépôts se faisaient peu à peu, par couches superposées, parallèles, soit au fond d'un lac (§ 124), soit aux abords d'un fleuve (§ 125), soit dans la mer (§ 120).

Retournons dans l'une des carrières où nous avons pris des pierres (fig. 69) : nous remarquerons alors que, dans les carrières de craie, comme dans celles d'argile,

---

(1) Ce chapitre ne peut être traité ici avec détail : car la meilleure manière de faire comprendre aux élèves la disposition des terrains sédimentaires est de leur montrer ceux de la localité. A cet égard, on ne peut donner que des indications générales.

comme dans celles de pierres de taille, les pierres sont aussi disposées en couches superposées parallèles. Ces

Fig. 69. Carrière de calcaire grossier et d'argile.

terrains qui sont maintenant dans le sol du continent, auraient-ils donc été, autrefois, déposés au milieu des eaux ?

141. Examen du sol d'un coteau. — Examinons d'abord si ces couches parallèles se prolongent à une assez grande distance, en conservant leurs caractères. Allons, par exemple, sur un coteau des environs de Paris tel que le coteau de Meudon (fig. 70).

A la base, on exploite la craie, qui est disposée par bancs à peu près horizontaux ; les lignes de cailloux de silex (§ 6) indiquent bien que les couches sont superposées et parallèles.

Allons plus haut : nous trouverons l'argile qui est

déposée sur la craie et qu'on exploite à Vanves, à Issy. Elle est encore formée par des couches superposées.

Dans une carrière où l'on exploite à la fois l'argile, à la base, et le calcaire grossier à la partie supérieure (fig. 69), nous verrons très facilement la limite des deux roches ; au-dessus de l'argile, le calcaire grossier avec lequel on

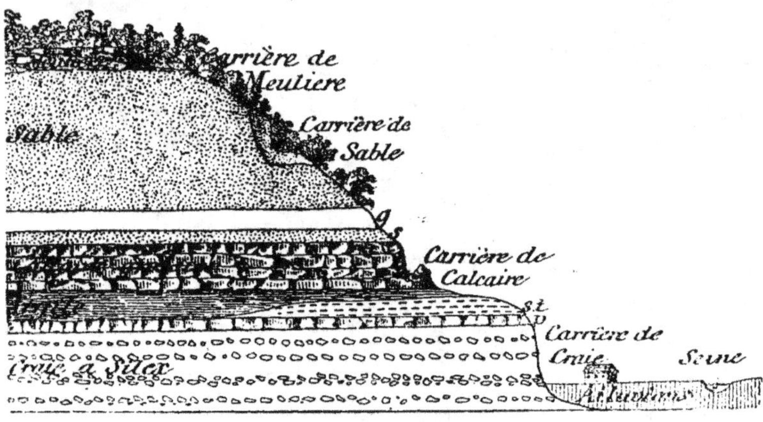

Fig. 70. Coupe du coteau de Meudon.

g, pierre à plâtre ; *s*, sable ; *st*, marne ; *p*, calcaire.

fait les pierres de taille est aussi formé de bancs presque horizontaux, parallèles, superposés les uns au-dessus des autres.

Montons encore plus haut : là, nous rencontrerons des carrières de sable (fig. 70). Les premières couches de sable sont superposées aux bancs de calcaire grossier. Regardons la tranchée d'une de ces carrières de sable : nous verrons des bandes presque horizontales, diversement colorées, plus ou moins jaunes ou rougeâtres, qui montrent nettement que ces sables sont constitués comme les dépôts de sable que nous avons vus se former par couches successives sur les plages au bord de la mer

Nous pourrons faire la même observation pour les couches de meulière qu'on exploite au-dessus du sable.

En montant sur le coteau, par d'autres chemins que ceux que nous avons suivis, nous rencontrons encore la même suite de couches de terrain, disposées dans le même ordre.

De façon que nous pouvons dire que le coteau tout entier est formé de couches de terrains successives, de nature différente : ce sont des terrains de craie, d'argile, de calcaire grossier, de sable, de meulière, déposés les uns au-dessus des autres (1), comme les dépôts sédimentaires que nous avons vus se former dans les eaux; nous pouvons donc représenter la coupe du coteau tout entier comme dans la figure 70.

142. Débris d'animaux et de végétaux dans les terrains formés par l'eau. — Cherchons si un autre caractère ne pourrait pas nous indiquer que ces terrains sont réellement d'anciens dépôts qui auraient été formés autrefois au milieu des eaux.

Dans les sédiments qui se forment maintenant, soit dans la mer, soit au fond des lacs ou des fleuves, certaines parties d'animaux et de végétaux restent enfouies sous le sol. Les coquilles qui sont faites en substance calcaire, comme celles des colimaçons, les os des animaux supérieurs, les écailles des poissons, les racines, les tiges, les feuilles ou les fruits des végétaux pourront être ainsi conservés dans les terrains qui se déposent au milieu des eaux. Ces débris restent épars au milieu du sable, de la vase calcaire ou du limon qui les entoure; plus tard le poids des couches qui viendront se déposer au-dessus, rendra le terrain plus compact, quelquefois dur comme de la pierre : ce sera une roche. En en cassant un morceau, on pourra y retrouver les empreintes des coquilles, les écailles des poissons, la trace des

---

(1) Sans parler d'autres couches de terrains moins épaisses indiquées sur la
70

feuilles ou des tiges des plantes qui auront subsisté dans la roche.

143. Fossiles. — Lorsque nous avons examiné un

Fig. 71. Coquille de cérithe conservée dans le calcaire grossier.

fragment de pierre de taille (§ 18), nous avons remarqué dans le calcaire grossier qui le forme, des empreintes de

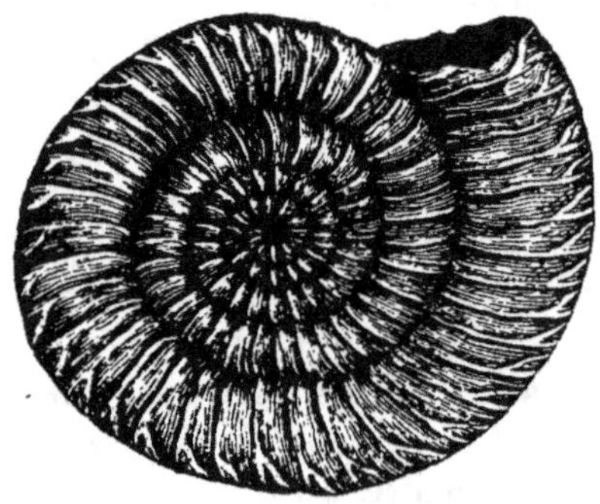

Fig. 72. Coquille d'ammonite conservée dans le calcaire oolithique.

coquilles appelées *cérithes*. On trouve souvent dans le calcaire grossier, aux environs de Paris, ces coquilles presque complètement conservées (fig. 71), très sembla- bles à celles des cérithes qu'on peut trouver aujourd'hui vivants dans la mer.

On rencontre encore dans le calcaire grossier un grand nombre d'autres coquilles plus ou moins bien conservées

Nous en retrouvons de même dans la craie, dans la meulière, dans un très grand nombre de roches disposées en couches parallèles, comme celles de ce coteau. Citons quelques exemples : cherchons au milieu des calcaires oolithiques (§ 18) qui sont aux environs de Lyon, nous rencontrerons très souvent dans ce calcaire des coquilles enroulées comme celle que présente la figure 72; elles ont une forme très différente de celle des cérithes. Dans les Vosges, nous pourrons voir des calcaires gris qui sont remplis de diverses coquilles (fig. 73).

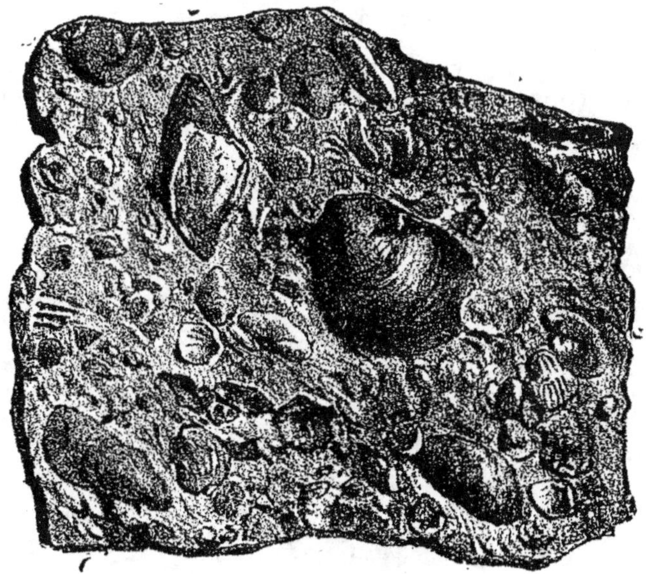

Fig. 73. Calcaire avec fossiles.

Si nous prenons un des cailloux bruns et aplatis qu'on rencontre souvent dans certains terrains où l'on exploite le charbon de terre, en cassant le caillou en deux, nous pourrons voir une empreinte de poisson, analogue à celle figurée ici (fig. 74), où toutes les écailles se seront parfaitement conservées.

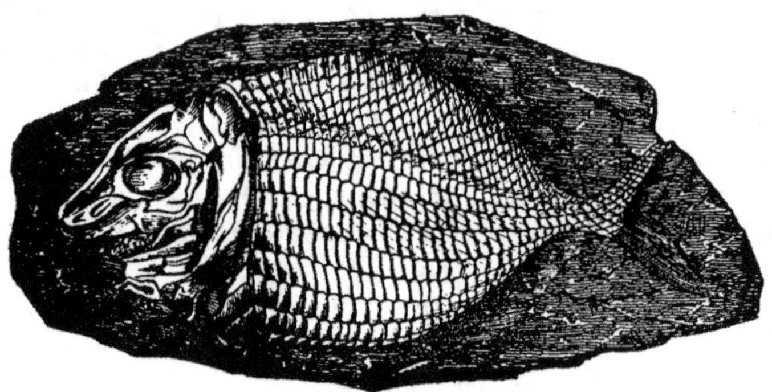

Fig. 74. Poisson fossile.

Dans le même terrain, sur le charbon ou sur le grès, nous pourrons trouver diverses empreintes de plantes, comme sur ce morceau (fig. 75).

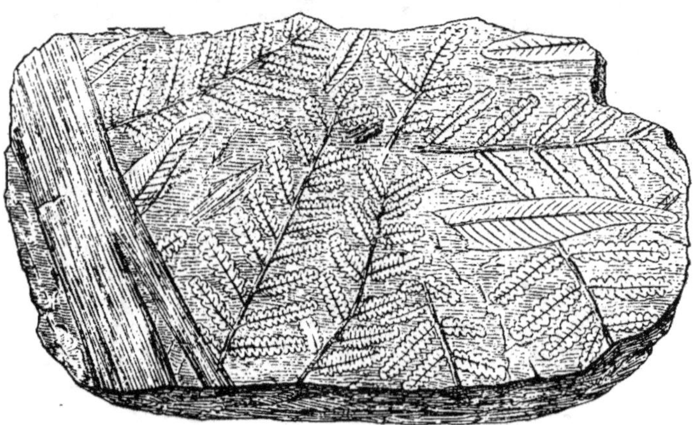

Fig. 75. Empreintes de végétaux sur un morceau de schiste.

En d'autres cas, nous apercevrons des traces de débris végétaux sur des dépôts calcaires : telle est cette empreinte de feuille de saule sur ce morceau de pierre (fig. 76.)

Tous ces débris, toutes ces empreintes, qui se sont conservés indéfiniment dans les roches, sont appelés d'une manière générale des *fossiles*.

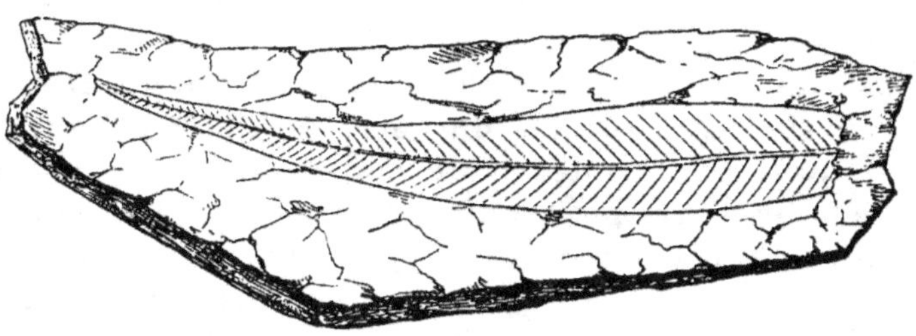

Fig. 76. Empreinte d'une feuille de saule sur un morceau de calcaire.

Toutes les roches à couches superposées parallèles ne renferment pas toujours des fossiles; mais on en trouve très souvent.

144. Terrains de sédiment. — Ainsi donc, nous observons, dans un grand nombre de terrains qui forment le sol, les mêmes caractères que ceux qu'on remarque dans les terrains qui se déposent actuellement au milieu de l'eau. Comme eux, ils sont toujours disposés en couches parallèles; comme eux, ils renferment souvent les débris des parties les plus dures ou les plus inaltérables des animaux ou des végétaux.

Nous leur donnerons donc un seul nom; nous les appellerons, d'une manière générale, des *terrains de sédiment*.

Il est évident que tous les terrains dont nous venons de parler se sont déposés autrefois dans l'eau et qu'ils ont été ensuite soulevés pour faire partie des continents.

145. Terrains formés par les eaux de la mer. — Ces terrains de sédiment ont été déposés dans l'eau;

nous pouvons nous demander si ces dépôts ont été produits par la mer ou par les eaux douces.

La nature des fossiles qu'on y trouve va nous permettre de le reconnaître.

Par exemple, la craie est-elle un dépôt marin ou un dépôt d'eau douce?

Cherchons des fossiles dans la craie : nous trouverons des oursins, des étoiles de mer, des huîtres, des dents de requin et d'autres débris de divers animaux qui ne vivent que dans la mer. On ne rencontre pas dans la craie les ossements d'animaux terrestres, les traces de tiges ou de feuilles des plantes qui croissent sur les continents : donc la craie est un dépôt marin. Nous avons vu, d'ailleurs, (§ 130) qu'il s'en forme actuellement au fond des mers, en certains endroits.

Si nous nous posons la même question pour le calcaire grossier, la présence de nombreuses coquilles marines dans cette roche, telles que celles des cérithes dont nous venons de parler, nous fera encore voir qu'elle a été formée autrefois par la mer.

146. Terrains formés par les eaux douces. — Examinons maintenant les couches de meulière qui sont en haut du coteau que nous considérons.

Nous trouverons aussi des coquilles dans cette roche; mais aucune n'appartient à des animaux qui vivent dans la mer.

Ce sont des coquilles semblables à celles des animaux mous (analogues au colimaçon); qui vivent dans les lacs ou dans les rivières (1).

On y trouve, en outre, des empreintes de végétaux qui croissent seulement dans les eaux douces (2).

Les pierres meulières n'ont donc pas été formées par la mer. Elles représentent un ancien dépôt sédimentaire

---

(1) Les *lymnées* et les *planorbes*.
(2) Les *charzignes*.

qui s'est formé dans des lacs qui n'existent plus aujourd'hui.

147. Résumé. —· D'une manière générale, nous appelons *terrains de sédiment*, tous les terrains qui se produisent ou qui ont été produits par les dépôts laissés par les eaux.

Leur caractère principal est d'être constitués par des couches superposées, qui représentent la succession des dépôts produits. Très souvent, ils renferment des *fossiles*, c'est-à-dire des restes ou des empreintes d'animaux ou de végétaux.

La nature des fossiles que renferment les terrains de sédiment peut servir à reconnaître s'ils ont été formés par la mer ou par les eaux douces, suivant qu'ils appartiennent à des êtres marins ou à des êtres terrestres.

CHAPITRE XV.

148. Terrains qui ne sont pas sédimentaires. —
Dans certaines parties de la France, comme en Auvergne,
il peut arriver que la tranchée des terrains présente
l'aspect qu'on voit ici figuré (fig. 77).

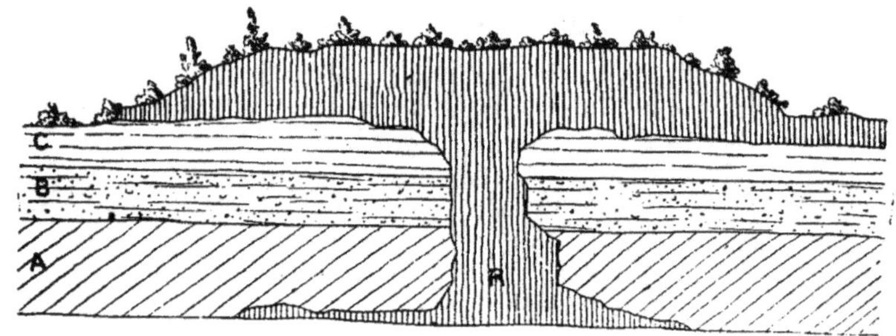

Fig. 77. Coupe de terrains de sédiment A, B, C, traversés par une roche R,
qui n'est pas sédimentaire.

Au milieu des roches A, B, C, qui sont des terrains de
sédiments en couches parallèles et contenant des fossiles,
se trouve intercalé un autre terrain, R, formé d'une roche qui ne présente nulle part de couches parallèles superposées et qui ne renferme aucun fosssile.

Cette roche ne ressemble en rien à celles que déposent
les cours d'eau.

Ce n'est pas un terrain de sédiment,

Cherchons s'il ne se forme pas actuellement des roches
analogues en quelque pays.

149. Volcans. — L'étude des volcans va nous montrer qu'il se produit, dans certaines régions, des roches qui rappellent par leur aspect celles dont nous venons de parler.

Supposons que nous allions près du Vésuve, en Italie; nous apercevrons une montagne qui ressemble à un cône régulier dont on aurait enlevé la partie supérieure. Nous distinguerons en haut de ce cône une fumée (fig. 78). Ce n'est pas un nuage, car nous la verrons toujours au-dessus de la montagne, même lorsque le temps sera parfaitement clair et qu'aucun nuage ne se montrera ailleurs : cette fumée sort de la montagne elle-même.

Pour voir de plus près comment elle se produit, faisons l'ascension du volcan. Lorsque nous gravirons les pentes du cône, prenons çà et là des morceaux de roche.

Fig. 78. Le Vésuve.

Ils seront, en général, analogues à celui qui est ici figuré (fig. 79).

Parmi les pierres que nous avons étudiées, c'est au porphyre que ce morceau ressemble le plus, quoiqu'il en diffère par les trous arrondis qu'il présente (B) ; comme dans le porphyre, on peut y distinguer de petits cristaux (C) qui sont plongés au millieu d'une pâte générale ; il arrive même qu'en certains cas, les cristaux sont si nombreux que cette roche rappelle un peu le granit par son aspect.

Nous aurons beau chercher dans tous les morceaux que nous ramasserons, jamais nous n'y trouverons le moindre fossile, pas le plus petit débris d'animal ou de végétal conservé dans ces pierres. Enfin, en examinant les tranchées des chemins qui gravissent la montagne, nous verrons que ces roches sont disposées en couches irrégulières, et jamais, dans aucune de ces couches, nous ne distingue-

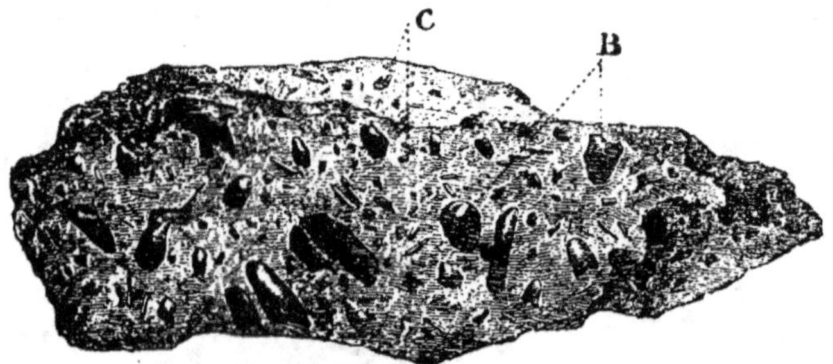

Fig. 79. Morceau de lave ;
C, cristaux contenus dans la roche ; B, bulles creuses.

rons ces petits feuillets de terrain, en bandes parallèles, qui caractérisent les dépôts sédimentaires.

Continuons à monter sur les flancs de la montagne : à mesure que nous nous élèverons, nous sentirons que le sol s'échauffe ; enfin, nous atteindrons le sommet. Nous comprendrons alors que la partie du cône qui est coupée en haut du volcan n'est pas un plateau. Nous serons arrivés, en effet, sur le bord d'un immense creux en forme de cuvette, dont les parois redescendent en s'enfonçant au milieu de la montagne : c'est ce qu'on nomme le *cratère* du volcan.

En allant tout à fait sur le bord, si nous regardons au fond du cratère, malgré les gaz chauds et suffocants qui nous prennent à la gorge, nous apercevrons un liquide brûlant qui s'y étale comme un lac. Parfois des masses de liquide projetées avec violence, des cendres fines comme du sable ou des pierres s'élancent de ce lac de feu en retombant tout autour sur les parois. En même temps, il se soulève des nuages de vapeurs qui sortent continuellement des parties profondes du cratère : c'est là ce qui forme cette fumée que nous avons aperçue de loin.

A d'autres époques, il y a des moments où le volcan paraît éteint ; on peut, sans danger, se promener à l'intérieur du cratère, d'où se dégagent seulement quelques fumerolles.

150. Éruption. — En d'autres temps, au contraire, ce n'est pas une simple fumée de vapeur condensée qui sort du Vésuve, les roches fondues ne restent pas à l'intérieur du cratère ; elles débordent en masses immenses et s'écoulent toutes brûlantes sur les flancs de la montagne. On dit alors que le volcan est en *éruption*.

Quelques jours avant l'éruption, le sol tremble autour de la montagne, puis une série de détonations violentes se produisent au milieu du cône volcanique. Une énorme colonne de fumée blanche s'élève à de grandes hauteurs où elle s'étale en larges nappes. Cette masse nuageuse est coupée à des intervalles très rapprochés par des jets de roches et de poussières incandescentes qui sont projetés au milieu d'elles.

Les pierres les plus grosses retombent sur la montagne elle-même, mais les plus fines et les plus légères sont emportées dans l'air ; elles forment ce qu'on appelle les *cendres volcaniques*. Elles sont parfois si abondantes qu'elles obscurcissent le ciel sur une grande étendue; elles retombent en pluie jusqu'à des distances considérables. Dans plusieurs éruptions du Vésuve, des pluies de cendres volcaniques ont été transportées jusqu'à Constantinople et jusqu'en Afrique.

En même temps que se produisent ces détonations et ces projections de pierres et de gaz, la roche fondue déborde du cratère et vient s'épancher en courants incandescents sur les pentes du cône volcanique et jusque dans les plaines avoisinantes, au milieu des maisons et des jardin des villages : c'est ce qu'on nomme la *lave*.

Souvent il s'ouvre une fente dans les parois du volcan la lave s'écoule alors au dehors.

Fig. 80. Le Vésuve en éruption.

Ces torrents de lave brûlante sont cachés, pendant la journée, par les nuages qui s'en dégagent ; pendant la nuit, la lave apparaît, au contraire, comme des nappes de feu qui se déroulent sur le Vésuve et dont les reflets colorent les nuées sortant du cratère.

Toutes ces roches fondues, ces poussières rougies, ces pierres projetées dans les airs et la réflexion de leurs lueurs sur les fumees qui les entraînent, ont souvent fait croire qu'il sortait des flammes des volcans ; mais il n'en est rien : les volcans en éruption ne rejettent que des roches, des pierres, des poussières rougies par la chaleur et des gaz portés à une très haute température ; jamais il ne s'y produit de flammes proprement dites.

Cet état d'éruption se continue souvent pendant plusieurs semaines ; puis il est suivi d'une période plus tranquille, où les projections deviennent moins fréquentes ; il n y a plus bientôt qu'une colonne de fumée qui devient de plus en plus faible. L'éruption est terminée.

151. Cône volcanique. — Si nous examinons la montagne pendant une des périodes de tranquillité, profitant des fentes qui ont pu s'y produire à l'époque d'une éruption, nous pourrons parfois nous rendre compte de la manière dont est formé le cône du volcan. Nous reconnaîtrons que les diverses périodes éruptives ont disposé les masses de lave les unes au-dessus des autres.

Par une étude approfondie, ou peut ainsi se convaincre que le cône volcanique tout entier est formé de laves qui ont été rejetées dans les éruptions successives, ainsi que le montre la fig. 81. Il ne faut pas confondre ces masses superposées

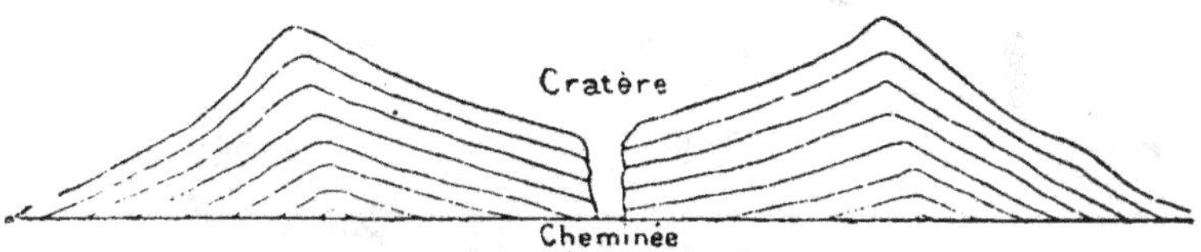

Fig. 81. Un cône volcanique qu'on suppose coupé verticalement.

avec les roches sédimentaires. Ici, chaque masse n'a pas été formée par un dépôt continu au milieu des eaux ; elle est sortie de la terre à l'état de fusion.

Ainsi donc. les matières qui sortent du cratère s'accumulent les unes au-dessus des autres et peuvent former une assez grande élévation appelée *cône volcanique.*

Ce cône volcanique est composé de roches en masses superposées, mais bien différentes de celles des terrains de sédiment. Chaque roche est en une seule masse ; elle n'est jamais formée de minces couches successives.

On appelle *cheminée* du volcan l'orifice venant de l'intérieur de la terre, par où s'échappent les pierres, les cendres et les gaz.

152. Terrains formés par les volcans. — Les laves ne forment pas seulement le cône volcanique. Nous avons dit qu'elles vont souvent s'étendre à de grandes distances ; d'autres fois, elles s'infiltrent au milieu des roches sédimentaires et y forment des masses qui s'intercalent au milieu d'elles ou viennent s'épancher à leur surface, comme celle qui est représentée (fig. 78, R.), par exemple.

Examinons maintenant quelle est la nature de ces roches. Reprenons le morceau de lave dont nous avons déjà parlé. Nous y avons observé des cristaux (C) plongés au milieu d'une pâte, comme dans le porphyre. Mais dans ce morceau de lave (fig. 82), ne remarquons-nous pas autre chose

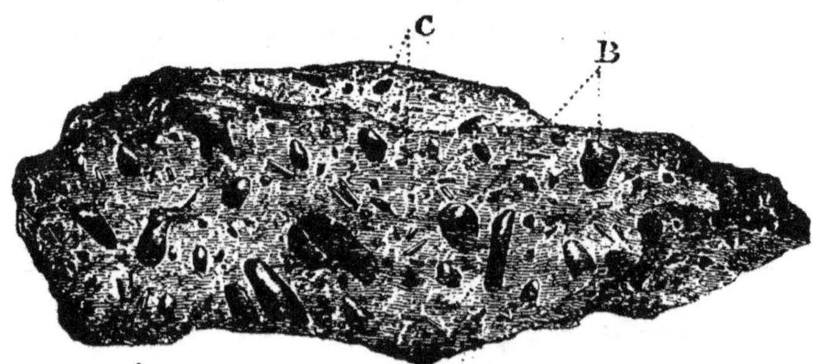

Fig. 82 Morceau de lave.

encore ? La roche est remplie de petites cavités arrondies (B), comme celles qu'on voit dans le pain. Elles s'y sont formées, du reste, d'une manière analogue.

Lorsque la pâte du pain est chauffée dans le four, les gaz qu'elle renferme se dilatent et cherchent à s'échapper de la pâte. Ceux qui n'ont pas eu la force de l'écarter, y restent emprisonnés sous forme de bulles.

Il en est de même dans la lave ; quand elle était en fusion, au sortir du volcan, elle était remplie de gaz et de vapeurs d'eau qui sortaient sous forme de bulles s'échappant à la surface de la masse brûlante ; mais, là aussi, une partie est restée dans la roche ; lorsqu'elle s'est solidifiée, ces bulles ont alors formé, au milieu d'elle, toutes ces petites cavités.

Le nombre et la grandeur de ces petits creux sont très variables chez les diverses roches volcaniques. Il y en a qui sont tellement remplies de bulles que ces pierres sont plus légères que l'eau et qu'elles peuvent flotter à sa surface. Telle est celle qu'on appelle *pierre ponce*, qu'on emploie pour polir les pierres lithographiques et le marbre. (Voy. §§ 20, 23.) D'autres, au contraire, n'ont que des bulles microscopiques, qu'on n'aperçoit pas à l'œil, et sont aussi compactes que le granit ou le porphyre.

Outre les terrains formés par les laves, on trouve aussi au voisinage des volcans certaines couches du sol qui sont entièrement formées par des fragments plus ou moins gros de diverses roches. Ce sont les dépôts produits par les éruptions qui projettent sous forme de pluies de pierres les fragments de roches et les cendres volcaniques. Ces fragments, grands ou petits, sont de la même nature que les laves.

153. Volcans éteints. — En examinant les phénomènes que produit le Vésuve, nous nous sommes maintenant rendu compte de ce qu'est un volcan ; nous avons vu que certaines roches pouvaient avoir une origine tout autre que celle des pierres formées par les eaux ; elles sortent en fusion du fond de la terre.

Supposons, à présent, que nous fassions un autre voyage ; allons aux environs de Clermont-Ferrand

Montons sur la montagne qu'on appelle le Puy Pariou ; nous reconnaîtrons qu'elle a la forme d'un cône dont la póinte aurait été enlevée ; telle est la forme de la montagne qu'on aperçoit dans le lointain (fig. 83). Quand nous aurons atteint la partie la plus haute, nous verrons que le sommet y est creusé en forme de cratère. En redescendant, examinons les roches qui sont autour ; nous en trouverons beaucoup qui sont remplies de bulles ; regardons-les de plus près, nous y verrons de petits cristaux : ce sont des laves. Plus loin, nous trouverons une masse de fragments de pierres analogues à des morceaux de lave et qui nous rappellent les cendres volcaniques. D'autres montagnes voisines, en grand nombre, toutes celles qu'on appelle *Puy*,

Fig. 83. Le lac Pavin, dans le cratère d'un volcan éteint, en Auvergne.
(Derrière le lac, on aperçoit un *Puy* d'Auvergne.)

dans le pays, nous présenteront une forme analogue et nous pourrons y reconnaître partout des coulées de lave.

Cependant, nous n'apercevrons jamais aucune fumée au sommet de ces Puys de l'Auvergne. Jamais aucun d'eux n'entre en éruption comme un volcan.

Les cratères de ces montagnes sont tantôt parfaitement formés en cuvette régulière, comme au Puy Pariou, tantôt plus ou moins déformés. Quelquefois, le cratère a été échancré d'un côté par la lave qui s'en est échappée.

En d'autres cas, il a été plus ou moins comblé par elle (comme au Puy de Dôme); ou bien, lorsque les laves qui forment la montagne ne sont pas perméables à l'eau, les eaux des pluies ont rempli la cuvette du cratère, et le sommet de la montagne est devenu un lac. Tel est le lac Pavin en Auvergne (fig. 83).

Que devons-nous conclure de ces observations, si nous les rapprochons de celles que nous avons faites en visitant les environs du Vésuve?

Nous avons rencontré en Auvergne des cônes volcaniques surmontés de leurs cratères, nous avons pu suivre la trace des laves, y constater la présence des dépôts de cendres volcaniques. En somme, sauf l'éruption et la sortie des vapeurs par les cratères, nous avons trouvé en ce pays tout ce qui caractérise les terrains dans le voisinage du Vésuve.

Nous sommes donc amenés à reconnaître d'une façon évidente que les Puys de l'Auvergne sont des *volcans éteints*, qu'il y a eu autrefois dans cette contrée de nombreuses éruptions; mais qu'aujourd'hui tout phénomène volcanique a cessé.

154. Ressemblances des terrains non sédimentaires avec ceux que forment les volcans. — Toutes ces roches d'Auvergne ont une composition analogue à celles que le Vésuve rejette au dehors de son cratère. Nous ne les avons pas vues sortir de terre comme celles des volcans actuels, mais leur composition et la disposition que présente le pays où elles se trouvent nous forcent à admettre qu'elles ont eu la même origine. Elles n'ont pas été formées par des dépôts produits au milieu des eaux. Ce ne sont pas des roches sédimentaires. Elles sont sorties brûlantes du fond de la terre, comme les laves actuelles.

Revenons à la tranchée de terrain que nous avons considérée au commencement de ce chapitre (fig. 84); nous pouvons nous demander maintenant si l'on ne pourrait pas s'expliquer comment se sont formés les terrains qu'on y aperçoit.

Si nous prenons un fragment de la roche R qui est au milieu des autres, nous y trouverons de petits cristaux ; en regardant la masse qui la forme, nous remarquerons qu'elle n'est pas composée de couches parallèles en feuillets successifs, comme les roches A, B et C. Enfin, nous n'y trouverons aucun fossile animal ou végétal, tandis que les roches A, B et C en renferment.

Cette roche R, qui n'est pas sédimentaire, ressemble donc beaucoup aux roches volcaniques.

Nous sommes ainsi ramenés à rapprocher des roches volcaniques que nous voyons se former actuellement, toutes les roches qui ne sont pas sédimentaires. Dès lors, dans la tranchée des terrains (fig. 84) les couches A, B et C

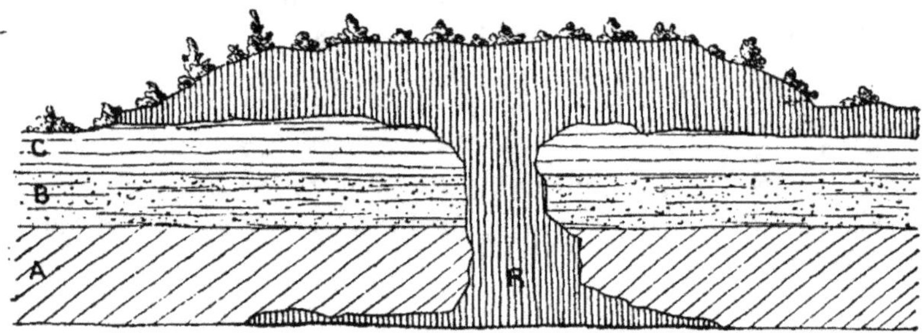

Fig. 84.

ayant été déposées au milieu des eaux, nous pouvons comprendre que c'est après leurs formations successives que la roche R a fait éruption au milieu d'elles, pour venir s'épancher à leur surface.

155. Résumé. —Il y a des terrains qui n'ont pas les caractères des terrains sédimentaires.

Ils ne sont pas disposés comme eux en petites couches superposées parallèles, on n'y rencontre jamais de fossiles ;

ils sont composés de roches qui renferment ordinairement de petits cristaux.

Les terrains non sédimentaires qui se forment actuellement sont produits par les *volcans*; ce sont les *laves* et les *cendres volcaniques*.

CHAPITRE XVI.

EXPLOITATION DES TERRAINS.

156. Carrières et mines. — Nous avons déjà parlé des *carrières* et de la manière dont on les exploite, à propos d'un grand nombre des pierres qui forment les terrains (§§ 4, 17, 19, 39) ; nous avons indiqué comment on emploie ces pierres dans l'industrie, dans l'agriculture ou dans les constructions.

Lorsque les matières qu'on extrait des terrains sont retirées par des galeries souterraines à une grande profondeur, on appelle *mines* ces exploitations.

Les principales mines sont celles d'où l'on extrait le charbon de terre, le sel et les minerais qui servent à fabriquer les métaux.

157. Houille. — Prenons un morceau de charbon de

Fig. 85. Morceau de houille

terre (fig. 85.) Comme son nom l'indique, on le trouve à l'intérieur du sol. Le charbon de terre est une roche.

Examinons ce morceau : il est facile de voir en quoi il diffère de toutes les pierres que nous avons étudiées. Il est noir et tache les doigts en noir, sa cassure a des faces qui brillent avec éclat à la lumière. Mais son principal caractère est d'être combustible, c'est-à-dire qu'on peut l'allumer et le brûler à l'air pour produire de la chaleur.

Lorsqu'on brûle un morceau de charbon, l'air a formé avec lui un gaz qui s'en va avec la fumée dans la cheminée (1) ; il ne reste plus qu'une toute petite quantité de cendres.

D'une manière générale, **on appelle** *houille* **les charbons de terre.**

158. Mines de houille. — La houille se trouve en

Fig. 86. Ouvriers travaillant dans la galerie d'une mine de houille.

(1) Ce gaz est le même que celui qui forme les bulles de l'effervescence des pierres calcaires.

couches superposées qui sont souvent intercalées entre des couches de grès et des couches d'argile. On en rencontre dans le sol en Belgique et dans le nord de la France, aux environs de Saint-Étienne (Loire), à Autun et au Creuzot (Saône-et-Loire), etc.

Pour atteindre les **couches de houille** qui sont à une grande profondeur on perce des puits dans le sol et des galeries horizontales (fig. 87) ; ces puits sont souvent très difficiles à construire à cause de l'eau d'infiltration qui pourrait les remplir. On **est souvent** obligé d'enlever constamment avec des pompes l'eau qui les envahit.

Les ouvriers abattent la houille dans ces galeries, la transportent sur des rails jusqu'au puits (fig. 86), d'où elle est montée à la surface du sol.

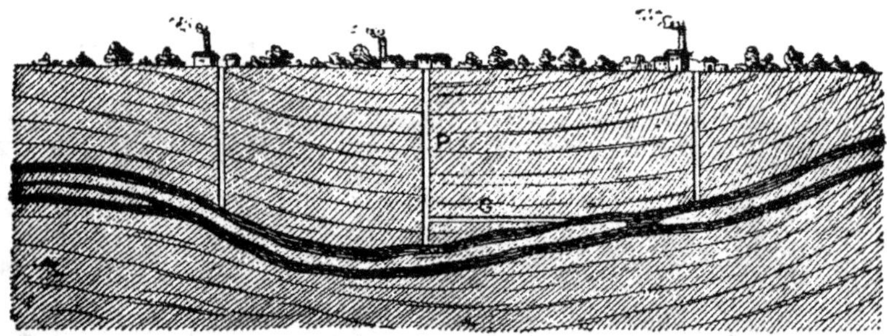

Fig. 87. Coupe d'une mine de houille. — P. Puits d'exploitation ; G. Galeries.

La houille est employée en quantités énormes dans l'industrie pour fournir de la chaleur ; dans les machines à vapeur, pour le chauffage des maisons, etc., etc.

159. Tourbe. — Dans les marais, il arrive souvent qu'un grand nombre de **végétaux**, surtout certaines espèces de mousses, sont en partie conservés dans la terre végétale très humide et fortement imbibée d'eau. Ce sont des *tourbières*.

Si nous allons sur les plateaux des Vosges, dans les

Alpes ou dans certaines plaines marécageuses de France
nous pourrons voir exploiter le dépôt formé par ces végétaux, c'est-à-dire la *tourbe* (fig. 88). C'est aussi une sor-

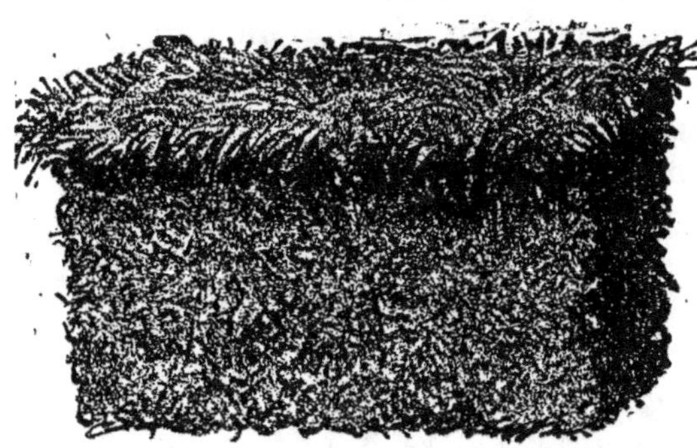

Fig. 88. Morceau de tourbe.

de charbon. On le brûle comme la houille, mais il est beaucoup plus impur, laisse une grande quantité de cendres et
produit une épaisse fumée.

Ainsi, c'est le charbon des plantes qui compose les débris des tourbières. Parfois les troncs des arbres qui
croissent dans ces marais, tombant au fond de l'eau après
leur mort, sont recouverts dans les dépôts tourbeux, mis à
l'abri de l'air et conservés au milieu d'eux. On retrouve
ainsi quelquefois dans les tourbières des Alpes de nombreux
troncs de sapins carbonisés dont les racines plongent au
milieu de la tourbe.

160. Lignite. — On rencontre aussi dans beaucoup de
pays une autre sorte de charbon dans le sol. C'est ce qu'on
nomme le *lignite*. Il est quelquefois presque aussi dur que
la houille. Sa poussière est brune et non noire.

Le lignite laisse moins de cendres que la tourbe et plus
que la houille. Nous le distinguerons de la seconde en ce
qu'il est ordinairement moins noir, sans cassure très brill-
lante ; de la première, en ce qu'il est plus compact, moins

friable et non composé comme elle d'une foule de feuilles et de tiges superposées.

Le lignite est souvent formé par des branches carbonisées dont on reconnaît très bien la forme. C'est évidemment, comme la tourbe, un charbon d'origine végétale.

161. Empreintes de la houille. — Si nous sommes près d'une mine de houille, nous trouverons souvent sur les morceaux de schiste extraits par les ouvriers des empreintes fossiles telles que celles qui sont ici sur ce morceau (fig. 89).

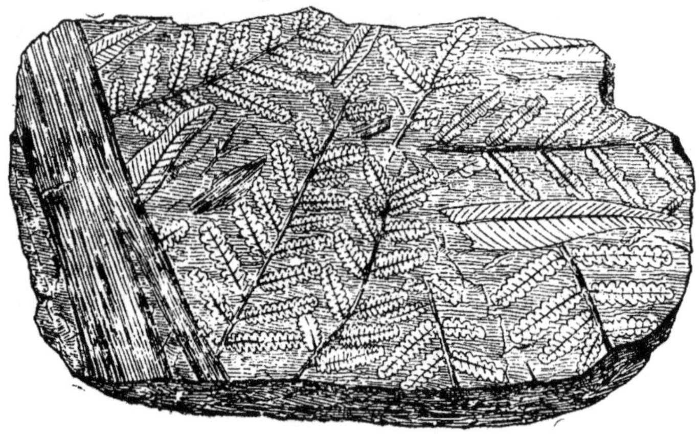

Fig. 89. Empreintes de végétaux sur un morceau de schiste houiller.

On y distingue très nettement des traces de tiges et de feuilles, dont beaucoup appartenaient à des fougères.

Nous venons de voir que la tourbe et le lignite sont des charbons d'origine végétale; nous trouvons dans la houille, qui est aussi un charbon renfermé dans le sol, des empreintes de végétaux. Ne pouvons-nous dès lors supposer que la houille, comme le lignite, comme la tourbe, a été formée par des végétaux?

162. Origine végétale de la houille. — Dans certaines mines de houille, on a fait des découvertes qui viennent confirmer cette supposition

Dans la tranchée de terrain houiller que représente la figure 90, on aperçoit des troncs d'arbres dont l'écorce est carbonisée, enfouis au milieu des bancs qui renferment de

Fig. 90. Tranchées dans une mine de houille, montrant plusieurs troncs de grands arbres, dont les empreintes ont été conservées au milieu du charbon.

la houille comme ceux que nous avons observés au milieu de la tourbe.

On a découvert quelquefois des forêts entières ainsi conservées dans les mines de houille, avec leurs racines plongeant dans les couches d'argile.

Quoiqu'on ne voie jamais aujourd'hui se former de charbon ayant les caractères de la houille, nous sommes cependant conduits à admettre, par ce que nous venons de voir, que la houille *a une origine végétale*, qu'elle se compose de l'accumulation des résidus carbonisés d'anciens végétaux qui vivaient dans de grands marais.

161. Autres charbons naturels. — Graphite. — Diamant. — On trouve aussi dans la terre, mais bien moins souvent, d'autres charbons, qui ne présentent pas de traces végétales et qui sont cristallisés.

Le *graphite* est un charbon qui se rencontre en masses plus ou moins cristallines d'un gris d'acier. On l'exploite surtout en Sibérie. Le graphite marque en gris sur le papier et se taille facilement. On l'emploie pour faire les crayons ordinaires.

Le *diamant* est encore une sorte de charbon, bien différent de tous les autres. On le trouve dans les sables de certains pays où il est très rare (Inde, Brésil, Cap de Bonne-Espérance); ce sont des cristaux souvent incolores (fig. 91), transparents et doués d'un éclat très remarquable.

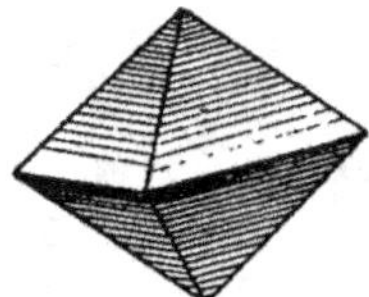

Fig. 91. Cristal de diamant, tel qu'on le trouve à l'état naturel.

Le diamant est un minéral très dur qui peut rayer même le cristal de roche. On ne le taille qu'avec des morceaux d'autres diamants. Il est employé en bijouterie à cause de ses reflets éclatants. On s'en sert aussi pour percer des trous dans les roches les plus résistantes.

On peut brûler à l'air, à une température élevée, le graphite et le diamant comme la tourbe, le lignite, la houille, et ils produisent le même gaz ; c'est pourquoi l'on dit que ce sont aussi des charbons.

164. Mines de sel. — Dans certains pays (Vosges, Bavière, Pologne, etc.), on rencontre dans le sol d'énormes masses d'une roche transparente, salée, qui fond dans l'eau. C'est du *sel*, comme celui dont on se sert en cuisine. Cette roche de sel est appelée *sel gemme*.

Comme il se dissoudrait dans l'eau, on ne trouve jamais

9..

le sel gemme qu'entre des couches d'argile imperméable qui le mettent à l'abri de l'eau d'infiltration.

On exploite le sel comme la houille par des puits et des galeries. Le sel gemme est plus difficile à abattre que la houille. Il faut des pics très aigus, et encore les pics s'usent-ils vite ; les ouvriers, pour continuer leur travail pendant un certain temps, sont obligés d'avoir des pics avec un certain nombre de pointes de rechange.

165. Minerais. — Mines de fer, de plomb, de cuivre, d'argent, d'or. — Les métaux dont on fait usage ne se trouvent pas ordinairement dans le sol à l'état de métal (sauf l'or, parfois l'argent et le cuivre) ; on les extrait de certaines pierres par diverses opérations (1), en chauffant ces pierres avec du charbon ou en les grillant à l'air, etc.

Les pierres particulières avec lesquelles on peut préparer les métaux s'appellent des *minerais.*

Une pierre dont on peut retirer du fer s'appelle : *minerai de fer ;* celle dont on peut extraire le cuivre : *minerai de cuivre,* etc.

Quelquefois ces minerais font partie des terrains sédimentaires ; tels sont certains minerais de fer qu'on exploite alors simplement par des carrières.

Mais, dans la plupart des cas, les minerais se trouvent, avec d'autres pierres, intercalés au milieu des roches, dans des fissures qui ont été remplies autrefois par l'eau des sources chaudes : ces fentes intercalées au milieu des autres roches et remplies de cristaux ou de pierres différentes des roches qui les entourent, sont appelées des *filons* à minerais.

On exploite en général les filons par des puits et des galeries profondes, c'est-à-dire par de véritables mines.

Les *mines de fer* sont très nombreuses et très importantes en France. On extrait divers minerais de fer dans

----

(1) L'art d'extraire les métaux des minerais se nomme *métallurgie.*

les Ardennes, dans l'Ardèche à Saint-Étienne, dans le Berry, dans les Alpes, etc., etc.

Les *mines de plomb et d'argent* sont beaucoup moins nombreuses. Il existe des filons renfermant les minerais de ces deux métaux dans les Vosges, en Bretagne et en Auvergne ; mais ils ne sont guère exploités que dans cette dernière contrée. On extrait ces minerais aussi en petite quantité dans le département de la Lozère.

Les mines d'argent les plus importantes se trouvent en Amérique. On en exploite aussi en Norvège et en Saxe. Quelquefois l'argent se trouve au milieu des roches à l'état de métal comme dans l'Isère.

Les *mines de cuivre* sont très rares en France. Il en existe dans d'autres pays de l'Europe, comme en Allemagne, en Angleterre, en Suède et en Norvège.

L'or ne se trouve jamais dans le sol qu'à l'état de métal. On le rencontre soit dans des roches siliceuses compactes, soit dans des sables ; il y est rare. Comme il est très lourd, on l'exploite en faisant passer un courant d'eau sur les sables qui le contiennent ; le sable est entraîné plus facilement que l'or, et le courant d'eau sert ainsi à opérer le triage ; il emporte le sable, et l'or reste.

S'il se trouve dans des roches compactes, on les pulvérise avant de faire passer le courant d'eau.

Les principales contrées où l'on exploite l'or sont la Californie, l'Australie et le Pérou. On en rencontre en petite quantité dans les Alpes françaises ; la mine est maintenant abandonnée.

166. Résumé. — On exploite les roches qui sont utilisées pour les constructions, pour l'industrie ou pour l'agriculture, en les retirant du sol dans les *carrières* ou dans les *mines*.

Les principales roches qu'on retire des carrières sont les pierres à bâtir, la craie, le marbre, la pierre à plâtre, l'argile qui sert à faire les briques et les poteries, les meulières, les grès, les granits et les ardoises.

Presque toutes servent pour les constructions ou pour l'agriculture.

La *tourbe* et le *lignite*, qui sont des charbons d'origine végétale, servent de combustibles pour produire de la chaleur ; on les retire, le plus souvent, à la surface du sol ou à une faible profondeur.

La *houille* ou charbon de terre est un des meilleurs combustibles ; on la trouve, en général, dans des couches de terrains situées à une grande profondeur, et on l'exploite dans de vraies mines. Les empreintes végétales et quelquefois les traces d'arbres qu'on rencontre dans la houille font voir qu'elle a dû être formée par la carbonisation d'anciennes plantes.

Il y a d'autres charbons naturels plus rares. Ceux-là sont beaucoup plus purs ; ils ont une apparence cristalline : ce sont : le *graphite*, qui sert à faire des crayons, et beaucoup plus rarement : le *diamant*, qui est employé en bijouterie, et avec lequel on perce des trous dans les roches les plus dures.

On rencontre aussi parfois, dans le sol, d'énormes masses de *sel gemme*, protégées contre l'action de l'eau par des couches d'argile. On les exploite dans des mines.

C'est également à une assez grande profondeur au-dessous de la surface du sol qu'on trouve les *minerais*, c'est-à-dire les pierres d'où l'on peut extraire les métaux par des opérations métallurgiques.

Les minerais de plomb, de cuivre et d'argent, ainsi que la plupart des minerais de fer, sont ainsi retirés de la terre dans des mines.

L'or se trouve à l'état de métal dans certaines roches ou dans certains sables.

TABLE ALPHABÉTIQUE DES MATIÈRES

A

Agate, n° 59.

Agriculture (Emploi de la chaux en) n° 23.

Agriculture (Emploi du plâtre en), n° 37.

Alluvions, n° 125.

Amélioration d'un sol trop humide, n° 95.

Amélioration des terres qui manquent de calcaire, n° 92.

Amélioration des terres qui manquent d'argile, n° 93.

Amendements, n° 91.

Améthyste, n° 58.

Ardoises, n° 74.

Argent (Mines d'), n° 165.

Argile, n° 39.

Argile (L') perd ses caractères quand on la chauffe fortement,
   n° 40.

Argile réfractaire, n° 46.

Argile dans la terre végétale, n° 83.

Argile (Mélanges naturels de calcaire et d'), n° 52.

Argileuse (Terre), n° 86.

Artésiens (Puits), n° 107.

B

Banquises, n° 138.

Barbotine, n° 49.

Barres, n°° 126, 127

Béton, n° 54.
Blanc d'Espagne, n° 17.
Briques, n° 40.
Briques (Usages des), n° 42.
Briques (Terre à), n° 41.

C

Cailloux roulés, n° 77.
Cailloux du Rhin, n° 58.
Calcaires (Pierres), n° 15.
Calcaires (Diverses sortes de pierres), n° 16.
Calcaires (Usage général des pierres), n° 24.
Calcaire grossier, n°° 18, 19.
Calcaire (Mélanges naturels d'argile et de), n° 52.
Calcaire dans la terre végétale, n° 83.
Calcaires (Terres), n° 88.
Camées, n° 59.
Carrières, n°° 4, 140, 156.
Cassure, n° 8.
Cendres des plantes, n° 97.
Cendres volcaniques, n° 150.
Cérithes, n°° 18, 143.
Charbons naturels, n°° 157, 158, 159, 160, 161, 162, 163.
Chaulage, n° 92.
Chaux, n° 25.
Chaux (son emploi en agriculture), n° 28.
Chaux (Four à), n° 25.
Chaux hydraulique, n° 54.
Cheminée d'un volcan, n° 151.
Chine (Porcelaine de), n° 47.
Ciment, n° 55.
Cône volcanique, n° 151.
Coteau (Examen du sol d'un), n° 141.
Côtes (leur destruction par les vagues), n° 120.
Cours d'eau, n° 105.
Cours d'eau (leurs dépôts dans les vallées des plaines), n° 125.
Craie, n°° 6, 16.
Craie (ses usages), n° 17.

Cratères, n°° 149, 150, 151, 153.
Creusement des vallées, n° 118.
Cristal de roche, n°° 58, 69.
Cristaux en fer de lance, n° 31.
Cuisson de la porcelaine, n° 50.
Cuivre (Mines de), n° 165.

D

Débris d'animaux et de végétaux dans les terres formées par
   l'eau, 142.
Défauts des terres végétales naturelles, n° 90.
Deltas, n° 127.
Dépôts formés par les torrents, n° 122.
Dépôts formés par les cours d'eau, n°° 125, 126.
Dépôts des mers, n°° 129, 130.
Diamant, n° 163.
Drainage, n° 95.
Dunes, n° 129.
Dureté, n° 7.

E

Eau, n° 100.
Eaux douces (Terrains formés par les), n° 146.
Eau à l'état de vapeur, n°° 109, 110, 111.
Eau d'infiltration, n°° 102, 106, 117.
Eau (Inégale résistance de diverses roches à l'action de l'), n° 119.
Effervescence, n° 9.
Engrais minéraux, n° 96.
Éruption, n° 150.
Exploitation des terrains, n° 156.

F

Fabrication des briques, n° 41
Fabrication des poteries, n° 44.

Fabrication de la porcelaine, n° 48.

Faïence, n° 45.

Feldspath, n°° 49, 69, 71.

Fer (Mines de), n° 165.

Fer de lance (Cristaux en), n° 31.

Filons, n° 165.

Fleuve (Terrains formés par un), n° 128.

Fontaine (Dalle d'une), n° 114.

Fontainebleau (Rochers de), n°° 64, 119.

Formation de la terre végétale, n°° 79, 80, 81, 82

Fessiles, n° 143.

Four à chaux, n° 25.

Four à plâtre, n° 33.

G

Galets, n°° 77, 123, 129.

Glaces flottantes, n° 138.

Glaciers, n° 132.

Glaciers (Fonte des), n° 133.

Glaciers (Marche des), n° 134.

Glaciers (Destruction des roches par les), n° 135

Glaciers du pôle, n° 137.

Glaciaires (dépôts), n° 136.

Granit, n° 69.

Granit (ses usages), n° 72.

Graphite, n° 1, 63.

Gravure sur pierre, n° 23.

Grenelle (Puits de), n° 107

Grenoble (Ciment de), n° 53.

Grès calcaires, n° 64.

Grès de construction, n° 66.

Grès siliceux, n° 63.

Grès (Usage des), n°° 65, 67.

Groupes formés de roches qui se ressemblent, n° 13.

Guano, n° 98.

H

Houille, n° 157.
Houille (Mines de), n° 158.
Houille (Empreintes de la), n° 161
Humus, n° 79.
Hydraulique (Chaux), n° 54.

I

Infiltration (Eau d'), n°° 102, 10(, 117
Irrigation, n° 94.

L

Lacs (Dépôts formés dans les), n° 124.
Laves, n°° 150, 152.
Lichens, n° 79.
Lignite, n° 160.
Limon, n°° 93, 123.
Lithographiques (Pierres), n° 23.

M

Manufacture de Sèvres, n°° 47, 50.
Marbres, n° 20.
Marbres statuaires, n° 22.
Marbres (Usage des), n° 21.
Marécageuses (Terres), n° 89.
Marnes, n° 52.
Marnage des terres, n°° 53, 92.
Mers (Terrains formés par les), n°° 129, 130, 145.

Meudon (Carrières de) n° 17
Meules de grès, n° 57.
Meulières, n°° 12, 61.
Meulières (leur usage dans les constructions). n° 62.
Mica, n°° 69, 70.
Mines, n°° 156, 158, 164, 165.
Minerais, n° 165.
Moellons, n° 19.
Montagnes (Reboisement des), n.° 82.
Moraines, n°° 135, 136.
Mortier, n°° 26, 27.
Moulage, n° 35.

N

Neiges, n° 131.
Névés, n° 131.
Nuages, n° 112.

O

Oolithe, n° 18.
Or (Mines d') n° 165.
Origine végétale de la houille, n° 162.

P

Pavage, n° 65.
Pavin (Lac), n° 153.
Peinture des poteries et des porcelaines, n° 51.
Pentes (Terre végétale sur les), n° 82.
Petit granit, n° 21.
Phosphate, n° 98.
Pierres (Diverses sortes de), n° 16.
Pierre à bâtir, n° 18.
Pierres à bâtir (Carrières de), n° 19.

Pierre à bâtir (Usage de la), n° 19.
Pierre à fusil, n°ˢ 6, 60.
Pierre à plâtre, n°ˢ 30, 31.
Pierres lithographiques, n° 23.
Pierre meulière, n°ˢ 11, 61.
Pierre ponce, n° 152.
Pierre de taille, n° 11.
Pierres siliceuses, n° 57.
Pierre (Gravure sur), n° 23.
Pierres et terrains formés par les glaciers, n° 136.
Plages de sable, n° 129.
Plâtres, n°ˢ 32, 35.
Plâtre (Four à), n° 33.
Plâtre (son emploi), n° 34.
Plâtre (son application à l'agriculture), n° 37.
Plomb (Mines de), n° 165.
Pluie (Eau trouble pendant la), n° 115.
Porphyres, n° 73.
Poteries, n° 44.
Poterie (Terre à), n° 43.
Poterie (Peinture de la), n° 51.
Porcelaine, n° 48.
Porcelaine (Terre à), n° 47.
Porcelaine (Cuisson de la), n° 50.
Puits, n° 103.
Puits artésiens, n° 107.
Puys de l'Auvergne, n° 153.

R

Ravinement par les torrents, n° 116.
Reboisements des montagnes, n°ˢ 82, 116.
Ressemblance des terrains non sédimentaires avec ceux formés
par les volcans, n° 154.
Rhin (Cailloux du), n° 58.
Rhône, n°ˢ 122, 123, 124, 125.
Roche, n° 5.
Roches (inégale résistance à l'action de l'eau), n° 119.
Rocher, n° 2.

Roche (Tables de), n° 119.
Rochers de Fontainebleau, n°ˢ 64, 119.
Roues de carrières, n° 19.
Routes (Ferrage des), n°ˢ 60, 61, 73.

Sable (Plages de), n° 129.
Sable, n°ˢ 63, 75, 123.
Sable (Usage du), n° 76.
Sable dans la terre végétale, n° 83.
Sablonneuses (Terres), n° 87.
Saxe (Porcelaine de), n° 47.
Schiste, n° 74.
Sédiment (Terrains de), n°ˢ 140, 144, 145, 146.
Sel gemme, n° 164.
Sèvres (Manufacture de), n°ˢ 47, 50.
Silex, n°ˢ 6, 60.
Siliceuses (Pierres), n° 57.
Siliceux (Grès), n° 63.
Sol trop sec ; son amélioration, n° 94.
Sol trop humide ; son amélioration, n° 95.
Sol d'un coteau (Examen du), n° 141.
Sonde, n° 130.
Sources, n° 104.
Stuc, n° 36.

T

Tables de rocher, n° 119.
Terrains et pierres que l'eau forme, n° 122.
Terrains formés par un fleuve, n° 128.
Terrains formés par les glaciers, n° 136.
Terrains de sédiment, n°ˢ 140, 144, 145, 146.
Terrains non sédimentaires, n° 148.
Terrains formés par les eaux de la mer, n° 145.
Terrains formés par les eaux douces, n° 146.
Terre à briques, n° 41.

Terre à porcelaine, n° 47.

Terre à poterie, n° 43.

Terres argileuses, n° 86.

Terreau, n°° 79, 83.

Terres calcaires, n° 88.

Terres fortes, n° 86.

Terres marécageuses, n° 89.

Terres sablonneuses, n° 87.

Terres qui manquent d'argile ; leur amélioration, n° 93.

Terres qui manquent de calcaire ; leur amélioration, n° 92.

Terre végétale, n°° 2, 79.

Terre (Comment on peut reconnaître de quoi elle se compose), n° 83.

Terre (Comment on peut la rendre meilleure pour la culture), n° 90.

Terre (Diverses sortes de terres végétales), n° 85.

Terre (Qualités que doit avoir une bonne terre végétale), n° 84.

Torrents, n° 101.

Torrents (Dépôts formés par les), n° 122.

Torrents (Ravinements par les), n° 116.

Torrent (Pierres sur les bords d'un), n° 3.

Tourbe, n° 159.

Tourbières, n°° 89, 159.

Tranchée d'une route, n° 1.

Transport (Terre de), n° 81.

Tuyaux de drainage, n° 95.

V

Vagues (leur action sur les côtes), n° 120.

Vallées des plaines (Dépôts formés dans les), n° 123.

Vallées (Creusement des), n° 118.

Vallées (Eau d'infiltration dans es), n° 106.

Vallées (Terre végétale au fond des), n° 81.

Vapeur d'eau, n°° 109, 110.

Vernis de la porcelaine, n° 49.

Vésuve, n°° 149, 150.

Vinaigre (Action du), n° 9.

Volcans, n° 149.

Volcans éteints, n° 153.
Volcaniques (Cendres), n° 150.
Volcanique (Cône), n° 151.
Vosges (Grès rouge des), n° 66.

TABLE MÉTHODIQUE

PIERRES

I. Où l'on trouve les pierres, n° 1.
II. Diverses sortes de pierres. — Comment on peut les reconnaître, n° 6.
III. Pierres calcaires, n° 15.
IV. Pierres à plâtre, n° 30.
V. Argile, n° 39.
VI. Pierres siliceuses, n° 57.
VI . Granit, porphyre, schistes, etc., n° 69.

TERRE VÉGÉTALE

VIII. De quoi se compose la terre végétale, n° 79.
IX. Comment on peut rendre la terre meilleure pour la culture, n° 90.

EAU

X. Circulation de l'eau dans la nature, n° 100.
XI. Ce que l'eau enlève aux pierres et aux terrains, n° 114.
XII. Terrains et pierres que l'eau forme, n° 122.
XIII. Glaces. — Leur action sur les pierres et les terrains, n° 131.

TERRAINS

XIV. Terrains de sédiment, n° 140.
XV. Terrains qui n'ont pas été formés par les eaux, n° 148.
XVI. Exploitation des terrains, n° 156.

Paris-Imp. PAUL DUPONT, 41, rue Jean-Jacques-Rousseau. 154. 8-82.

www.ingramcontent.com/pod-product-compliance
Lightning Source LLC
LaVergne TN
LVHW052203200726
843508LV00015B/398